힘들어도 사람한테
너무 기대지 마세요

기대면 더 상처받는 사람들을 위한 관계 심리학

힘들어도 사람한테
너무 기대지 마세요

정우열 지음

동양북스

감정은 조절하는 것이 아니라 그냥 관찰하는 것입니다.

_ 본문 중에서

사람은 생각보다
별로다

○ '기필코 해낼 거야' 대신에 '안 되면 말고'

마지막 원고를 쓰려고 하니 출판사 기획편집자님과 첫 미팅하던 날이 생각납니다. 제 유튜브 구독자셨는데, 영상에서 제가 자주 언급하는 '사람은 생각보다 별로다'라는 말이 참 좋다고 하셨죠. 사람이 생각보다 그렇게 훌륭한 존재가 아니라는 걸 인정하면 오히려 부담감이 줄어들어서 마음이 편안해진다는 것, 또 그러다 보면 오히려 더 바람직하게 행동하게 된다는 걸 잘 이해하고 계셨습니다. 이와 관련해서 또 한 가지 에피소드가 떠오릅니다. 저의 유튜브 구독자 중 한 분이 이런 고민 사연을 보내주신 적이 있습니다.

"선생님, 저는 취준생인데 사실은 꼭 들어가고 싶은 회사가 한 군데 있어요. 그런데 서류 마감이 코앞인데 이력서와 자소서 쓰는 일을 계속 미루고만 있습니다. 저는 도대체 왜 이럴까요? 왜 이렇게 게으른 걸까요?"

저는 이 사연을 읽고 이렇게 답변해주었습니다.

"아아 그건 ○○ 씨가 나태해서가 아니에요. 오히려 마음이 불안해지니까 회피 행동으로 이어진 거라 보는 게 더 맞을 거예요. 회피하다 보니 강박적으로 일을 미루게 된 거죠. 이럴 때 '나는 왜 이 모양일까?' 하면서 비하하거나 자신을 채찍질하지 마세요. 그냥 그 순간 느낀 나의 감정을 헤아리고 스스로를 위로해보세요. 간절할수록 완벽하게 잘 쓰려고 하지 마시고 그냥 대충 써서 내기만 해보세요. '안 되면 말지 뭐' 하는 생각으로 말이에요."

그리고 얼마 뒤 이분은 새로운 소식을 전해주었습니다.

"선생님 말씀대로 '되면 좋고 안 되면 말고' 하는 가벼운 마음으로 이력서와 자소서를 써서 냈는데 서류 전형에 합격했어요!"라고요. 그러고는 다음 날 면접도 이렇게 가벼운 마음으로 다녀오겠다고 말했습니다. 그러더니 그다음 날, 면접에도 합격했다는 기쁜 소식을 전해주었습니다. 자칫 잘못하면 스스로를 원망하는 행동이 악순환될 수 있었는데 다행히 그분이 자신의 마음을 섬세하게 들여다볼 수 있게 도움을 줄 수 있었고 또 결과까지 좋아서 저는 굉장히 뿌듯했습니다.

○ 인간관계는 스킬이 아니라 감정이다

정신과 의사이자 유튜버로 지내면서, 저는 인간관계 때문에 힘들어하는 분들을 진료실과 댓글에서 늘 만납니다.

그런데 인간관계에서 파생되는 여러 문제들은 단순히 어떤 스킬을 익힌다고 해서 해결되지 않습니다. 누구에게나 각자 자기 인생의 역사가 복잡하게 얽혀 있게 마련이고 거기에서 비롯된 삶의 방식이 여러 형태로 영향을 미치기 때문이에요. 제가 유튜브 영상에서 가장 많이 한 말 중 하나이지만 모든 행동에는 다 이유가 있는 거니까요. 그래서 중요한 건 그 사람의 '행동'이 아니라 '감정'입니다. 방금 말씀드린 취준생 구독자분도 마찬가지입니다. 이력서와 자소서 쓰는 일을 자꾸 미루는 행동이 중요한 게 아니죠. 여기서 주목해야 할 건 그분이 느끼는 감정 즉 불안, 초조, 부담감 같은 것들입니다. 이런 감정들은 우리가 생각하는 것보다 훨씬 더 힘이 셉니다. 나 자신의 행동에도 영향을 미치지만 상대방의 마음에도 고스란히 전달되니까요. 그리고 이 점이 바로 인간관계가 힘든 이유이기도 합니다. 인간관계는 공부나 회사 업무와는 달리 무의식적인 상호작용이니까요. 그래서 잘하고 싶을수록, 잘해야 한다고 느낄수록, 상대방에 대한 기대치가 높을수록 오히려 잘 안 되고 꼬이는 느낌을 받습니다.

감정에는 우열이 없다

그렇다면 우리는 어떻게 해야 할까요? 많은 분들이 자신의 감정을 어떻게 하면 조절할 수 있느냐고 묻습니다. 어떻게 하면 마음속에서부터 북받치는 감정을 컨트롤할 수 있느냐고 질문합니다. 저는 그분들에게 바로 이렇게 답하고 싶어요.

감정은 조절하는 것이 아니라 그냥 관찰하는 것이다.

자꾸 내 감정을 억지로 조절하려고 하지 마세요. 그러다 보면 오히려 부담을 느끼게 되고 말과 행동이 부자연스러워집니다. 그 대신 사람과의 관계에서 어떤 일이 생기든 순간순간 내가 느끼는 고유한 '감정'에 귀 기울여보세요. 화가 나든, 불안해지든, 뭔가가 두렵고 싫든, 그 모든 당신의 감정은 소중합니다. 결코 감정에는 우열이 있는 게 아니거든요. 좋은 감정, 나쁜 감정이란 게 없어요. 그러니 어떤 감정이 올라와도 부정하거나 꾹꾹 눌러버리려고 하지 않아도 됩니다. 제가 이 책을 통해 말하고 싶은 핵심 메시지는 바로 이것입니다. 이렇게 자기감정을 섬세하게 잘 관찰하기만 해도 인간관계에서 느끼는 고민과 압박감이 훨씬 줄어들 거예요. 또 그러다 보면 인간관계 때문에 힘들었던 내 마음도 한결 가벼워질 수 있습니다. 저는 이 책이 그 과정에서 마음의 내비게이션 역할을 하게 되길 바랍니다. 많은 분들이 이 책을 읽고 자신의 마음을 이해하게 되고, 인간관계가 한결 편해지는 경험을 하게 된다면 정신과 의사로서, 또 유튜버로서 그보다 더 기쁜 일은 없을 것입니다.

2022년 4월

정우열

| PART 1 |
"나는 왜 이렇게 생겨먹은 걸까?"

| PART 2 |
"인간관계는 사실 자기 자신과의 관계다"

| PART 3 |
"힘들어도 사람한테 너무 기대지 마세요"

| PART 4 |

"멘탈 관리는 피지컬로 하는 것이다"

"나는 왜
이렇게 생겨먹은 걸까?"

내가 노력한다고
과연 인간관계가 달라질까?

○ 아무리 피해 다녀도 또라이는 언제나 있다

한때 인터넷에서 떠돌던 유명한 짤이 있습니다. 1990년대
에는 브라운관이라 TV가 두꺼웠지만 사람이 홀쭉했죠. 그
런데 2008년이 되자 액정 TV로 바뀌면서 TV 두께는 얇아
진 반면 사람은 뚱뚱해졌습니다. 이처럼 TV와 사람 사이에
도 질량 보존의 법칙이 있습니다. 이 물리학 법칙은 인간관
계에도 변함없이 적용할 수 있는데요. 사람과 사람 사이에
는 '또라이 질량 보존의 법칙'이라는 게 있습니다. 이 말은

물론 어느 모임에 가든지 '또라이'가 있다는 건데요. 예를 들어 "우리 시어머니는 정말 좋은 분이에요" 하는 분이 있다고 칩시다. 그런데 이분이라고 시댁 스트레스가 과연 없을까요? 사실 알고 보면 그렇지 않습니다. 시어머니가 괜찮으면 시아버지가 이상한 경우도 있고 시아버지도 괜찮으면 시누이가 이상한 경우도 있습니다. 만약 시누이까지 다 괜찮으면, 명절 때만 한 번씩 만나지만 누구보다 스트레스를 주는 시고모가 있을 수 있습니다. 우리가 아무리 피하려고 해도 어딘가에서는 필연적으로 '또라이'를 만난다는 거죠. 혹시 '내 주변에는 아무리 생각해봐도 다들 괜찮다, 또라이는 없는 것 같다'는 생각이 든다면, 그렇게 말하는 바로 그 사람이 또라이라는 얘기가 있을 정도죠. 물론 농담이지만 일리 있는 경우가 꽤 많습니다. 그리고 바로 이 점 때문에 우리는 언제나 인간관계 때문에 고민을 하게 됩니다. 남녀노소 불문하고 평생의 고민거리죠.

○ 모든 고통은 관계에서 시작된다

한 취업 관련 사이트의 조사에 따르면 응답자의 무려 89.2%가 '직장 생활 중 버티기 힘들다고 느낄 때가 있다' 고 고백했습니다. 가장 버티기 힘들다고 느끼는 부분 1위 는 업무가 아닌 인간관계 스트레스(22.3%)였습니다. 직장 뿐 아니라 가족 간의 관계 역시 인간관계죠. 바로 이것 때 문에 고통스러워하는 사람들을 저는 직업상 참 많이 봅니 다. 유튜브를 하면서 댓글에서 가장 많이 보게 되는 인간관 계 스트레스 역시 가족 관계인 경우가 많습니다. 부모와 자 식 관계는 굉장히 복잡한데 주변 사람들은 잘 알 수가 없습 니다. 부부관계도 그렇고, 형제자매 관계도 마찬가지구요. 겉으로 보이는 모습이 다가 아니고, 그 가족 고유의 역사에 서 오랫동안 실타래처럼 얽혀 있는 사건들이 있기 때문에 섣불리 조언하기보다는 좀 더 섬세하게 접근해야 합니다.

학생들을 상담하다 보면 학업이 가장 큰 스트레스일 것 같지만, 깊숙이 마음속으로 들어가보면 의외로 친구들과 의 관계에서 받은 스트레스가 더 크게 자리 잡은 경우가 많 아요. 그것이 학업 스트레스로 이어진 거죠. 청소년에만 국

한되는 것이 아니고 어린이집, 유치원에 다니는 아이들도 친구 관계에서 미묘한 갈등과 고민을 다 갖고 있습니다. 어린이라고 해서 결코 단순하지 않습니다. 섬세하게 접근해야 하는 건 성인과 마찬가지입니다.

○ 간절할수록 힘들어지는 인간관계의 딜레마

'인간' 관계는 말 그대로 '사람'과 '사람' 사이의 관계인데, 남녀노소를 불구하고 이게 왜 이렇게 힘든 걸까요? 정말 많은 분들이 인간관계의 딜레마에 빠져 있습니다. 그 딜레마는 바로 정말 간절하게 인간관계를 잘하고 싶을수록 잘되지 않는다는 거예요.

사람들이 갖고 있는 인간관계에 대한 가장 흔한 고정관념 하나를 저는 말씀드리고 싶습니다. 그것은 내가 잘하면, 나만 잘하면 인간관계가 좋아질 수 있다는 착각입니다. 인간관계는 나의 노력에 따라서 좋아질 수도 있고 안 좋아질 수도 있다고 착각하는 분들이 정말 많습니다. 지금 "그게 왜 착각이죠?"라고 반문하는 분들도 있을 것 같아요.

아까 말씀드린 대로 '또라이 질량보존의 법칙' 때문이에요. '또라이'라는 표현이 좀 그렇지만, 조금 더 순화되고 정확하게 표현하자면, '나에게 심리적 갈등을 주는 사람'입니다. 지금 한번 내 주변 사람들을 떠올려보세요. 굉장히 다양한 사람들이 있지 않나요. 나와 주고받는 상호작용도 굉장히 다양하고요. 내 주변 사람들이 나를 바라보는 관점은 대체로 7 : 2 : 1의 분포로 나누어지는 경향이 있습니다. 열 명 중에 일곱 명이 나를 좋아하면 참 좋을 텐데, 그들은 나에게 무관심합니다. 두 명은 나를 싫어하고, 한 명만이 나를 좋아하죠. 지금 굉장히 절망하면서, 이런 분포를 그대로 받아들일 수 없는 분들도 있을 거예요. '열 명 중에서 한 명만 나를 좋아하다니! 그러면 안 되는데…….', '열 명 중에서 두 명이나 나를 싫어하다니! 이제 어떻게 살지?'라는 생각이 드시나요?

어떻게 생각하면 비극이지만, 반대로 생각하면 열 명 중에 일곱 명은 내가 의식하는 것만큼 나에 대해서 관심이 그렇게 크지 않다, 좋은 쪽의 관심도 안 좋은 쪽의 관심도 별로 없기 때문에 걱정하지 않아도 된다는 뜻이기도 합니다. 이 말이 여러분에게 희망을 드릴 수도 있고 절망을 드릴 수도 있는데 굉장히 중요한 포인트라는 점을 강조하고 싶습니다. 관점을 바꿔서 생각해보면 '내가 별 노력을 안 해도 그냥 있는 그대로의 나를 자연스럽게 보여줘도, 나를 좋아하는 사람이 한 명이나 있네!'라며 희망을 가지게 될 수도 있으니까요.

만약, 이와 반대로 절망하게 된 분이라면 한번 주어를 바꿔서 질문해보세요. '왜 내 주변 사람들은 나한테 무관심할까?', '왜 내 주변엔 나를 좋아하는 사람이 한 명밖에 없을까?'가 아니라 바로 이런 질문으로 말이에요.

'왜 나는 사람들이 나한테 무관심하다고 절망하는 걸까?'
'왜 나는 나를 싫어하는 사람이 있다는 걸 인정하기 싫을까?'

바로 이렇게 내 마음에 초점을 맞춰서 질문을 던져보는 것이 너무나 중요합니다. 그래야 내 마음속 심리적 갈등의 핵심 부위에 접근할 수 있거든요.

나를 위한 심리학 케이크 1

주어를 바꿔 나에게 질문하기

'왜 내 주변 사람들은 나한테 무관심할까?'
→ '왜 나는 사람들이 나한테 무관심하다고
절망하는 걸까?'

'왜 내 주변엔 나를 좋아하는 사람이 한 명밖에 없을까?'
→ '왜 나는 나를 싫어하는 사람이 있다는 걸
인정하기 싫을까?'

갑자기 예민해지는 것은
내 마음이 보내는 신호

○ 사회적 인격, 페르소나

저는 '육아빠'라는 닉네임으로 10년 정도 SNS 활동을 했습니다. 그러다 보니 아이들이 많이 모이는 수영장이나 놀이동산에 가면, 아이 키우는 엄마분들이 알아보는 경우가 종종 있었습니다. 그런데 그 자리에서 아는 척하기보다는 나중에 SNS를 통해 '아까 어디에서 육아빠를 봤다'는 식의 내용을 올리는 분들이 많았습니다. 그럴 때마다 제 마음은 어땠을까요? 솔직히 불안해졌습니다. '도대체 어떤 모습을 본 거지? 혹시 내가 아이한테 뭔가 실수한 걸 본 건 아닐까?' 하는 마음이 들었기 때문이에요. 명색이 '육아빠'인데 혹시라도 사람들 보기에 닉네임과 어울리지 않는 행동을 한 건 아닐까 싶어서 저는 사람들이 많이 모이는 곳에 갈 때에는 더 신경을 쓰게 됐습니다. 최대한 아이들과 열심히 잘 노는 아빠의 모습을 보여주려고 노력하고요.

자, 그렇다면 이런 저는 가식적인 아빠일까요?

저는 그렇게 생각하지 않습니다. 아이를 사랑하고 아이에게 최선을 다하고 싶은 마음은 분명 저의 진심이기 때문이에요. 하지만, 그게 제 마음의 전부는 아닙니다. 저도 사람이라서 아이에게 화가 날 때도 있고, 제가 너무 지치고 힘들 때는 아이에게 최선을 다하고 싶지 않을 때도 있습니다. 하지만, 저를 아는 분들이 저에 대한 기대치가 있다는 걸 알기 때문에 그에 합당한 모습을 보이려고 저절로 애쓰게 됩니다. 이것을 심리학 용어로는 '페르소나'라고 부릅니다. 사회적 인격 혹은 외적 인격이라고도 하죠. 이것은 사람이 갖고 있는 여러 인격 중 하나로 그 사회의 집단 무의식, 사회의 구성원들이 암묵적으로 정해놓은 가치관이나 규범, 직업이나 직책과도 관련이 많습니다.

○ 긴장한다는 것은 내 마음을 풍선처럼 부풀리는 것

페르소나의 어원은 고대 그리스 연극에서 배우가 얼굴에 쓰는 가면을 뜻합니다. 사실 배우는 가면을 쓰고 연기하는 게 당연하기 때문에 아무도 가식적이라고 욕하지 않죠. 오히려 자기 배역을 잘 소화하기 위해 제대로 된 가면을 잘 써야 사람들에게 칭찬을 받습니다. 배우 자신도 그렇게 여기고, 관객도 그것을 잘 알고 있습니다.

하지만 실제 삶에서는 어떤가요? 대개의 사람들은 페르소나, 즉 사회적 인격과 그 사람의 본래 인격을 동일시합니다. 또 자기 스스로도 마찬가지죠. 남들에게 보이는 내 모습과 본래 내 모습이 같지 않으면 자괴감에 빠지는 사람이 많아요. 그래서 교사는 교사다운 인격을, 부모는 부모다운 인격을 가진, 특별히 더 성숙한 존재가 되어야 한다는 부담감을 갖고 살아요. 물론 직업에 맞는 페르소나를 가지려고 노력하는 건 전혀 문제가 아니죠. 소위 우리가 말하는 '그런 척'하는 게 위선이 아니라 정말 노력하는 모습이기도 하잖아요. 그런데 문제는 내가 추구하는 페르소나와 나 자신의 인격을 완전히 일치시키려고 하는 겁니다. 하루 24시간 내내 항상 나는 '그런' 사람이 돼야 할 것 같다는 압박감을 받으면서 스스로를 괴롭히면 병이 될 수 있습니다.

뭔가에 애를 쓴다는 것은 사람을 굉장히 긴장하게 만듭니다. 이건 마치, 내 마음을 풍선처럼 빵빵하게 부풀리는 것과 비슷해요(심리학 용어로도 '페르소나는 팽창한 상태'라고 표현합니다). 그런데 이렇게 팽창돼 있는 마음에 누군가 날카로운 물건을 갖다 대면 어떻게 될까요? 풍선이 빵 터지면서 그 속에 억압돼 있던 감정들이 갑자기 튀어나오게 됩니다.

아이를 키우는 엄마들 중에는 이런 압박감을 갖고 있는 분들이 정말 많습니다. 좋은 엄마가 되려고 하는데 아이를 미워하는 마음만 들고 자꾸 화만 내게 돼서 자괴감을 느끼고 있는데, 남편이 농담으로 '맨날 화만 내고, 당신 엄마 맞아?'라고 하면 마음이 어떻겠어요? 정말 너무 화가 치밀어 올라서 남편한테 폭언을 하게 됩니다. 그러고 나서는 또 스스로 위축이 됩니다. 자기가 생각해도 스스로가 너무 예민하게 반응한 것 같으니까 우울해집니다.

만약 독자 여러분도 이와 비슷한 상황에 처해봤다면 역으로 한번 생각해보세요. 남편이 내 속을 휘젓는 게 아니라,

내 속이 이미 휘저어지기 쉬운 상태였던 건 아닌가 하고 말이에요. 내 마음이 이미 빵빵해진 풍선처럼 긴장으로 부풀어 올라 있으면 별거 아닌 말 한 마디에도 공격적인 반응이 튀어나올 수 있습니다.

○ 마음속에 들어 있는 바람을 빼라

이렇게 페르소나 때문에 마음이 긴장 상태로 빠지는 메커니즘을 이해하셨나요? 그렇다면 '내가 요즘 이상하게 예민해졌다. 별거 아닌 말에도 정말 신경이 쓰인다'고 느낄 때, 그것을 마음이 보내는 신호로 여기면 됩니다.

> '내가 나의 마음을 빵빵하게 만들 만큼 나도 모르게 사회적 페르소나에 맞추려고 안간힘을 쓰며 살고 있구나, 그래서 스트레스를 많이 받고 있구나.'

이런 나의 속마음을 알아차려야 한다는 말이에요. 그런데 대부분의 사람들은 공교롭게도 이와 반대로 생각합니다.

'아, 역시 나는 아직 부족하구나', '내가 원하는 이상에 걸맞은 사람이 되려면 더 애써야겠구나'라는 식으로 말이에요. 팽창된 풍선 바람을 좀 빼야 하는데, 거꾸로 바람을 더 넣는 격이죠. 그런데 계속 이렇게만 하다 보면 결국에는 어떻게 될까요? 빵 터지겠죠. 그렇게 빵 터지게 되면 너무 지친 나머지 번아웃에 시달리거나 혹은 정반대의 모습으로 일탈하기도 합니다. '뒤에서 호박씨를 깐다'는 속담에 딱 맞는 상태가 되어버리는 거죠. 인격이 훌륭하다고 칭송받던 정치인이 뒤에서는 엄청나게 나쁜 짓을 하거나 스님, 목사님, 선생님인데 전혀 걸맞지 않은 비리를 저지르거나 하는 것도 페르소나의 메커니즘과 연관이 있습니다. 아이를 너무 사랑하는 엄마인데 막상 집에서는 가정 폭력의 가해자가 되는 경우도 마찬가지고요. 사실 이런 사건을 우리는 매일매일 포털 기사를 통해 보고 있습니다.

가면을 쓰듯이 역할을 수행하라

그렇다면 어떻게 해야 할까요? 페르소나라는 가면을 벗어

던지고 내 맘대로 살아야 할까요? 그렇게 되면 사회가 존속될 수도 없고, 개개인의 인간관계도 유지될 수 없을 겁니다. 우선, 누구나 자신이 페르소나라는 사회적 가면을 쓰고 있다는 것을 잘 이해해야 합니다. 그리고 그 페르소나는 궁극적인 목적이 아니라, 내 역할을 수행하기 위한 수단이라는 것을 깨달아야 하구요. 즉 페르소나와 나 자신을 완전히 일치시키려는 노력을 하지 말라는 거예요.

인간적인 단점이나 실수도 있는 그대로 내 모습이라는 것을 인정하고 사람들에게 드러낼 줄 알아야 됩니다. 그래야 사람들도 나에게 높은 도덕적 잣대를 갖다 대지 않아요. 그런 상태에서 사람들이 나에게 기대하는 이미지에도 어느 정도 맞추기 위해 노력하는 모습을 보여주면 됩니다. 정말 말 그대로 가면을 쓰듯이 말이에요. 여기서 말하는 '가면'은 사기를 치기 위한 가면이 아닙니다. 배우가 자기 역할을 연기하듯이 나도 내 역할을 수행하기 위해 그 역할의 가면을 쓴다고 생각하면 돼요. 왠지 가면을 쓴다고 하면 사기꾼이 되는 것 같아서 불안한 마음이 들기도 할 겁니다. 하지만 사람의 심리라는 것은 참 아이러니해서, 자신의 본성과 역할을 명확히 구분할수록 결과적으로는 더 편안해집니다. 심리적 압박감도 덜 받고 이상적인 자기 모습과 실제 자기 모습 사이에서 괴리감도 덜 느끼기 때문이죠. 이렇게 하면 오히려 위선적으로 행동할 확률도 낮아져요. 그러다 보면 자기 역할도 더 편안한 마음으로 수행하게 되고 심리적으로도 안정됩니다. 그리고 자기 자신뿐 아니라 남들에게도 좀 더 관대해집니다.

페르소나가 워낙 강해서 대중의 기대치가 높기 때문에 그만큼 욕도 많이 먹는 직업에는 뭐가 있을까요? 가장 대표적인 게 연예인입니다. 연예인은 조그만 사건이라도 일으키는 순간 대중에게 엄청난 비난을 받아야 합니다. 선하고 훌륭한 이미지를 갖고 있었던 연예인일수록 이 파장은 엄청나게 큽니다. 정치인은 100% 국민을 위해서만 일해야 하고, 의사는 환자를 자기보다 우선시해야 하고, 교사는 자기보다 학생을 더 아껴야 하고, 종교인은 성인군자처럼 살아야 하고, 엄마는 아이를 위해서 희생해야 한다는 생각. 이것이 바로 집단 무의식 속에 들어 있는 대표적인 페르소나들입니다. 그런데 여러분, 이렇게 완전무결하게 페르소나에 맞게 사는 사람이 있나요? 그건 인간으로서는 '거의' 불가능한 일입니다. 인간이 그렇게 훌륭하지가 않아요.

그걸 그냥 인정하는 게 사는 데 더 도움이 됩니다. 만약 청문회를 한다면 우리 모두가 엄격한 잣대에 걸리게 돼 있습니다. 그러므로 나에게도 남에게도 페르소나에 순도 100% 맞는 잣대를 들이대지 마세요. 그것이 내 마음을 편안하게 만드는 길입니다.

나를 위한 심리학 케이크 2

내 마음의 신호를 알아차려라

별거 아닌 말에도 신경이 쓰인다면
내 마음은 이런 신호를 보내고 있는 거예요.
'내가 나의 마음을 빵빵하게 만들 만큼 나도 모르게
사회적 페르소나에 맞추려고 안간힘을 쓰고 있구나,
그래서 스트레스를 많이 받고 있구나.'

성격이
변하기도 하나요?

○ 사교적인 나의 성격은 진짜 나의 성격일까?

30대 중반 준호 씨는 만사가 귀찮고 일이 잘 되지 않는 현상이 반년 가까이 지속되자 상담을 받기 위해 저를 찾아왔습니다.

　처음에는 의욕 저하와 업무 능력 저하가 주로 나타나는 전형적인 남성형 우울증이라고 추측했죠. 하지만 상담을 지속적으로 하다 보니 다른 근본적인 원인이 점차 드러났습니다. 준호 씨는 외향적이고 진취적인 성격으로 대학 시절에는 동아리에서 리더 역할을 할 만큼 바쁘게 살았습니다.

늘 눈에 띄는 존재감 있는 사람, 자타가 인정하는 인간관계 활발한 사람, 요즘 말로 '인싸'였던 거죠. 준호 씨는 그런 자신의 이미지에 만족감이 높았습니다. 하지만 그렇게 늘 긍정적이고 쿨한 성격인 그에게도 남들이 모르는 고민이 있었습니다. 주변 사람들이 인식하고 있는 자기 모습이 진짜 솔직한 자기 모습인지 잘 모르겠다는 생각이 자꾸만 들었기 때문입니다.

사실 준호 씨는 어린 시절부터 "남자는 힘이야, 힘. 자신감이 있어야지!"라는 말을 듣고 자랐습니다. 그는 감정이 풍부해서 눈물도 많은 편이었는데, 눈물을 보이거나 약한 모습을 보일 때마다 아버지에게 꾸중을 들어야 했습니다. "뭐든 강하게 밀어붙여야 한다", "내가 먼저 적극적으로 나서서 해야 한다"라는 이야기를 귀에 못이 박히도록 들었기 때문에 언제나 그런 사람이 되려고 노력하면서 살았습니다. 그런데 이런 자신의 모습이 직장 생활을 하면서부터는 점점 더 부자연스럽게 느껴지기 시작했습니다.

리더 역할을 맡으며 주목받고 자신감 넘치던 대학생 때와는 달리 직장에서는 아무것도 모르는 말단 후임이었고 동기에 비해서 업무 능력이 빼어난 것도 아니니, 주목받을 일도 별로 없었습니다. 그러다 보니 자신감은 점점 줄어들고 마음은 조금씩 위축되어갔습니다. 직장 동료들과도 별로 어울리고 싶지 않은 마음이 커져갔습니다. 어쩌다 회식을 해도 자신의 그런 마음을 들킬까 봐 신경을 곤두세우다 보니 집에 돌아오면 녹초가 되기 일쑤였습니다. 어쩌면 직장에 다니는 현재 자기 모습이 진짜고, 대학생 때의 자기 모습은 본질과는 다르게 조작된 게 아닌가 하는 생각까지 들었습니다.

그러다 오랜만에 대학 동아리 모임에 나가게 되었습니다. 신기하게도 그 모임에서는 자연스럽게 예전처럼 활발하게 행동하는 자신을 발견했습니다. 당당하고 존재감 있는 자신의 모습에 만족스럽기도 했지만 '어쩌다 내가 이렇게 돼버렸지?' 하는 자괴감도 들었습니다. 왕년에는 잘나가던 자신이 지금은 왜 이렇게 소심하고 조용한 포지션으로 변해버린 것인지 더 답답한 마음이 들었습니다. '아, 진짜 내 모습은 어떤 걸까?' 하는 고민에 빠진 겁니다.

상담을 하다 보면 준호 씨 같은 고민을 하는 분들을 정말 많이 만나게 됩니다. 청소년부터 20대, 30대, 40대 이상까지 마음 깊은 곳에서 이런 고민을 하는 분들이 많습니다. 시기에 따라 내가 속한 그룹에 따라 전혀 다른 모습이 나오는데, 어떤 게 진짜 자기다운 것인지 혼란스러운 거죠.

친구들 모임에서는 활발하고 사교적인데, 집에서는 가족들과 소통하지 않고 조용히 지내는 사람도 있습니다. 오히려 가족들과 대화가 되지 않거나 불편해서 그럴 수도 있고, 친구들 사이에서 이미 캐릭터가 굳어져서 그냥 유지하는 것일 수도 있습니다. 그 반면에 직장에서는 맡은 일은 열심히 하지만 차가워 보일 정도로 딱딱한 성격인데, 집에서는 가족들과 끊임없이 다정다감하게 소통하는 사람도 있습니다. 이렇듯 다른 사람과의 관계 속에서 개개인이 각각 추구하는 이미지, 드러내고 싶은 이미지, 남들 눈에 보이고 싶은 이미지. 이것 역시 바로 '페르소나'입니다.

긍정적인 사람으로 보이고 싶다.

마음이 넓고 쿨한 사람으로 보이고 싶다.

유머러스한 사람으로 보이고 싶다.

박학다식한 사람으로 보이고 싶다.

마음이 선한 사람으로 보이고 싶다.

실제 자기 모습과 이 사회적 페르소나는 꼭 일치하지 않을 수도 있습니다. 또 여러 명과 함께 어울리는 모임에서는 사교적이고 활동적인 모습을 보이다가도 소수의 친구들과 어울릴 때는 전혀 다르게 내성적이고 조용히 사색을 즐기는 모습을 보일 수도 있습니다. 이것은 너무 자연스럽고 당연한 현상입니다. 어떻게 보면 인간은 숙명적으로 다중인격일 수밖에 없기 때문이에요.

내 속엔 내가 너무도 많아

대중가요 중에서 〈가시나무〉라는 노래가 있습니다. '내 속엔 내가 너무도 많아'로 시작하죠. 저는 이 노래 가사가 인간의 심리를 정말 잘 표현했다고 생각해요. 실제로 내 속에는 내가 참 많거든요. 요즘 말로 하면 바로 다중인격 말이에요. 그런데 이건 병리학적 개념인 다중인격 장애 즉, '해리성 정체감 장애'와는 전혀 다른 개념입니다. 해리성 정체감 장애 환자의 경우에는 보통 서로 다른 인격에서 경험한 것을 기억하지 못합니다. 하지만 이렇게 병리학적으로 다중인격이 아니더라도 우리 모두는 여러 사회적 페르소나를 갖고 있습니다. 단지 내 안에 여러 모습이 있고, 어떤 경우에 내가 어떤 특정한 모습을 드러내는지 명확하게 인지하면 아무런 문제가 없습니다. 오히려 억지로 나 자신을 하나의 모습으로 통일시키려 하면 할수록, 부담스럽고 혼란스러워집니다.

준호 씨처럼 과거의 자기 모습과 현재의 자기 모습이 너무 달라서 혼란스럽다면 오히려 내가 각각의 상황에서 어떻게 행동하는지 한번 파악해보세요. 그럴 만한 나만의 이유가 다 있을 거라는 전제하에 자신의 행동 패턴을 바라보면 됩니다. 그렇게 찬찬히 보다 보면 다양한 사회적 상황에서 자신도 모르게 설정되어 있던 페르소나가 보일 겁니다.

사실 저만 해도 다양한 페르소나가 있습니다. SNS 활동만 비교해봐도 서로 참 다릅니다. 유튜브에서는 정신과 의

사답게 진중하고 차분한 모습을 보이려고 저도 모르게 노력하고 있는 것으로 보입니다. 또 그런 모습을 좋아하는 구독자분들의 반응을 보다 보면 그 페르소나가 더욱더 강화되죠. 그 반면에 인스타에서는 친근하고 유쾌하고 밝은 현실 육아 아빠의 모습이 강합니다. 여기서도 그런 모습을 좋아하는 팔로워분들이 많습니다. 그리고 주로 오프라인 인맥들로 이루어진 페이스북에서는 시니컬하고 날카로운 모습도 보이고 있죠.

이렇게 사람은 다 사회적 맥락에 따라 다른 페르소나를 갖는 게 당연합니다. 만약 준호 씨처럼 변한 자신의 모습이 고민된다면 질문을 한번 다르게 해보세요. '나 요즘 왜 이렇게 성격이 이상해졌지?'가 아니에요.

'나는 왜 조용한 내 모습을 맘에 들어하지 않는 걸까?'
'나는 왜 남들에게 활발한 모습만 보여주려고 할까?
'나는 왜 한 가지 모습을 일관되게 추구해야 한다고 생각할까?'

이렇게 말이에요. 한 사람 안에 여러 다양한 모습이 있는 것이 훨씬 더 인간답고 더 자연스럽습니다. 이렇게 다양한 모습이 있지만 상황에 따라 어떤 한 면이 두드러져 보일 뿐입니다. 자신 안에 있는 여러 모습을 있는 그대로 바라볼 수 있어야 통합적으로 자기를 인식하는 데에도 도움이 됩니다. 또 그 무엇보다도 사회적 관계를 형성할 때도 떳떳하고 자연스러워집니다.

나를 위한 심리학 케이크 3

**변해버린 자신의 성격에 당황스럽다면
이렇게 한번 질문해보세요.**

'나는 왜 조용한 내 모습을 맘에 들어 하지 않는 걸까?'
'나는 왜 남들에게 활발한 모습만 보여주려고 할까?'
'나는 왜 한 가지 모습을 일관되게 추구해야 한다고
생각할까?'

왜 별거 아닌 일에도
욱하고 화가 날까?

○ 왜 나는 자기 자랑하는 친구에게 화가 날까?

20대 후반인 진아 씨는 직장 동료 미영 씨 때문에 고민이 많습니다. 하나뿐인 입사 동기이고 나이도 같아 처음부터 단짝처럼 지냈습니다. 퇴근 후에도 카톡을 자주 했고, 인스타로도 소통하게 되었습니다. 하지만 점점 가까워지면서 진아 씨의 마음은 조금씩 불편해지기 시작했습니다. 미영 씨가 자기 자랑을 많이 하기 때문이었죠.

그녀는 인스타에 신상 옷이나 가방을 자랑하기 일쑤였고,

힙한 카페에 다녀와서도 꼭 피드를 올렸습니다. 댓글을 보면 대부분 부럽다는 내용이었고 그녀도 그런 반응을 즐기는 것 같았습니다. 그러고 보니 직장에서도 그녀는 은근히 자기가 한 일을 자랑하는 느낌을 풍겼습니다. 분명 진아 씨와 공동 작업한 결과물이었는데 혼자 다 한 것처럼 말한 적도 있었습니다. 하지만 진아 씨는 그냥 내색하지 않았습니다. 직장에서 늘 단짝처럼 지냈고, 미영 씨 외에는 별로 친하게 지낼 사람도 없었기 때문이었습니다. 하지만 왠지 모르게 가슴이 답답하고 괴로운 건 어쩔 수 없었습니다.

남자 친구에게 이런 속마음을 털어놓으면 기분이 좀 나아지곤 했지만, 매일 얼굴을 봐야 하니 보통 스트레스가 아니었습니다. 결국, 진아 씨는 미영 씨 때문에 직장을 그만둘까 하는 고민까지 하게 되었습니다.

◦ 손대면 톡 하고 터지는 감정들

인간관계에서 나도 모르게 갑자기 예민해지는 순간들이 있습니다. 특히 상대방의 어떤 점을 발견했을 때 거부감이

들 때가 있습니다. 대부분의 사람들은 이럴 때 그 사람 탓을 합니다. 하지만 사실 그렇다 한들 달라지는 건 없습니다. 내가 그 사람을 바꿀 수는 없으니까요. 나 자신을 바꾸기도 힘든데 어떻게 타인을 바꿀 수가 있겠어요. 그렇다면 어떻게 해야 할까요? 그 사람 얼굴 보기가 너무 싫으니까 회사를 그만둬야 할까요? 섣불리 해결책부터 모색하기 전에 우선, 내 마음을 자세히 살펴봐야 합니다. 집에 가서 그냥 '이불 킥'만 하지 말고 차분하게 복기를 해보세요.

'내가 아까 분명 예민해졌다. 왜 그랬을까?'

'나는 왜 유독 자기 자랑하는 사람을 싫어하지?'

상대방의 어떤 말과 행동, 어떤 표정과 분위기에 마음이 상했는지, 그것에 집중해봐야 합니다. 그러고 나서 내가 왜 유독 그것에 강렬하게 반응했는지를 살펴보면 됩니다. 내 마음속에도 한 가지가 아닌 다양한 마음의 형태들이 있는데, 그중에는 페르소나(즉 내가 바라는 모습)와 반대되는 콤플렉스라는 것이 있습니다. 보통 '나는 이게 콤플렉스야'라고 말할 때와 같은 개념인데, 이것은 내가 바라는 내 모습과 정반대인 경우가 많습니다.

예를 들어 내가 만만해 보이지 않는 사람이 되길 바란다면, 이미 내 마음속에는 '사람들이 나를 만만해 보는 것 같아'라는 속마음이 깔려 있는 거죠. 그리고 이런 마음을 남들에게 들키고 싶지 않은 거고요. 또 다른 예를 들어, '나는 가진 게 별로 없어'라고 생각하는 사람들도 무척 많습니다. 이것은 객관적인 평가라기보다는 정말 상대적인 개념이에요. 자기 스스로가 가진 관념이라는 거죠.

'나는 정말 가진 게 별로 없다. 사람들에게 이런 내 모습을 감추고 싶다'라는 생각이 마음속 깊은 곳에 들어 있으니 사람들과 관계를 맺을 때 그것에 신경을 쓰느라 긴장 상태일 때가 많습니다. 그런데 어느 날 어떤 누군가가 그 부분을 톡 건드리면 어떻게 될까요? 상대방은 무심코 하는 말일 수도 있지만 본인은 그만 감정을 제어하지 못하고 톡 하고 터지게 되는 것입니다.

○ 별 이유 없이 싫은 그 사람, 다 이유가 있다

누구나 특히 싫어하는 유형의 사람이 있습니다. 안 맞으니까 싫겠죠. 그런데 싫긴 하지만 그런대로 잘 지낼 수 있는 사람이 있는 반면, 유독 안 맞는 사람도 있습니다. 이런 사람과 오랫동안 같이 있어야 하면 기분이 나빠져서 결국 말싸움을 하거나, 혹은 다른 누군가에게 뒷담화를 하지 않으면 속이 터질 것 같은 기분을 느끼게 됩니다.

자, 이런 당신의 감정은 이상한 게 아닙니다. 지극히 정상적인 반응입니다. 그런데 이럴 때 내가 그 사람을 어느 정도로 싫어하는지에 집중하지 말고, 어떤 유형을 싫어하는지로 신경을 돌려보세요. 특히 내가 지금 불편해하는 사람과, 과거에 불편해했던 사람들을 함께 떠올려보면 뭔가 공통점을 발견할 수 있을 겁니다.

자기를 높이려고 남을 비난하는 사람

무시하고 비아냥거리는 사람

무례한 사람

나한테 상처 주고 본인은 아무렇지도 않은 사람

이기적인 사람

자기주장이 강한 사람

입이 가벼운 사람

상대와 상관없이 자기 하고 싶은 말 다하는 사람

뻔뻔하게 자기 이득만 챙기는 사람

허영심 있는 사람

논리적이지 않은 사람

배려가 부족한 사람

관심받는 걸 좋아하는 사람

외모에 신경 쓰는 사람

　이런 식으로 싫어하는 유형은 개인마다 다른데 아주 구체적일 수도 있습니다. 만약 내가 싫어하는 그 사람이 백이면 백 누구나 싫어하는 사람이라면, 그 사람은 진짜 이상한 사람일 가능성이 큽니다. 하지만 그 사람이 못 견딜 정도로 싫어서, 제삼자에게 슬쩍 뒷담화를 해봤더니 다른 사람들은 별로 싫어하지 않는 것 같을 때가 있죠. 심지어는 오히려 그 사람을 좋아하는 사람이 있을 수도 있습니다. 바로 이럴 때, 내 마음은 복잡해집니다. 다른 사람들은 특별히 갈등을 느끼지 않는데 '나'만 유독 그 사람이 싫은 경우. 정말 이럴 때는 어떻게 해야 할까요? 이럴 때는 '아 정말 내가 이상한 건가……'라는 생각이 들면서 마음이 쓸쓸해집니다. 그런데 이 순간이 굉장히 중요해요. 왜냐하면 바로 이 순간이 나도 모르는 나의 무의식과 만날 수 있는 기회이기 때문이에요. 지금까지 남 얘기하다가 갑자기 나의 무의식을 마주하게 된다니, 이게 무슨 말일까요?

지금까지 말씀드린 내가 싫어하는 사람들의 특징은 모두 남 이야기가 아닙니다. 내가 싫어하는 그 특징들은 사실 알고 보면 남이 아닌 내 안에 있는 나의 일부분인 경우가 많습니다. 내가 싫어하는 나의 모습인데, 너무 싫어서 꼭꼭 억눌러서 아예 의식하지 못하는 마음의 지하실 안에 들어 있을 뿐입니다. 이것을 심리학 용어로는 '그림자'(혹은 그림자 자아)라고 해요. 그 사람의 어떤 면이 싫으면 그냥 싫은 거지, 왜 내가 못 견딜 정도로 괴로운 걸까요? 사실 나 살기도 너무 바쁜데 '남이사' 어떻든 말든 신경 안 쓰면 그만인데 왜 이렇게 힘든 걸까요? 그 사람의 행동 하나하나가 거슬릴 정도로 신경 쓰이고 견디기 힘들다면 더 이상 '남이사'로 끝나지 않습니다.

이럴 때는 내가 유독 싫어하는 그 사람의 특징을 최대한 객관화해보세요. 그렇게 따져보면, 실제로는 가치중립적인 것들이 많습니다. 예를 들어 '허영심 있는 사람'이 너무 싫다고 해봅시다. 이런 경우는 자기 스스로에게도 아주 작은 '허영심'조차 허락하지 않는 경우가 많습니다. 하지만 차분히 한번 생각해보세요. 사람이라면 누구나 어느 정도 허영심을 갖고 있습니다. 너무 지나친 게 문제지 적당히 있는 것은 일반적입니다. 이기적인 사람, 관심받는 걸 즐기는 사람, 외모에 신경 쓰는 사람 등등 다 마찬가지예요. 바람직하다고 볼 수는 없지만 큰 문제라고 볼 수도 없는, 가치중립적인 특징이라는 거죠.

사람마다 우선순위와 가치관은 다를 수밖에 없는 것인데, 왜 유독 그런 점이 견디기 힘들 정도로 불쾌할까요? 그것은 바로 내 안에 억눌려 있는 '위축된 자아', 즉 그림자 때문입니다.

쉽게 설명하자면, 자기 자랑하는 미영 씨가 너무 싫은 진아 씨의 마음 깊숙한 곳에는 자랑하고 싶은 마음이 있다는 겁니다. 그런데 그런 마음을 꾹꾹 억누르고 그림자 영역에 구겨 넣어버린 거죠. 그러다 보니 스스럼없이 자기를 자랑

하는 미영 씨를 볼 때마다 그림자 영역에 있던 억눌린 자아
가 의식 위로 자꾸 올라오면서 불쾌해지는 것입니다.

나를 위한 심리학 케이크 4

**어떤 사람의 어떤 점이 너무 싫을 때
우선 나에게 질문해보기**

'내가 아까 분명 예민해졌다. 왜 그랬을까?'
'나는 왜 유독 자기 자랑하는 사람을 싫어하지?'

내가 그 사람을 비난하는
진짜 이유

○ 내 마음 깊은 곳에 들어 있는 그림자

자, 그렇다면 왜 이렇게 마음을 꾹꾹 눌러서 그림자 영역
으로 구겨 넣었을까요? 보통은 성장 과정이나 친구 관계에
서 겪은 사건과 관련이 있습니다. 어렸을 때 잘난 척하다가
친구들 사이에서 왕따를 당했거나, 자기를 내세울 때마다
부모님한테 호되게 질책을 당했을 확률이 큽니다. 그런 일
이 있을 때마다 자랑하고 싶은 마음을 억누를 수밖에 없었
겠죠.

지나치게 억눌러서 힘들어하는 것 중에 가장 흔한 게 '민폐를 끼치는 것'입니다. 이런 분들 정말 많습니다. 인간관계라는 것이 원래 서로에게 조금씩은 민폐를 끼치게 마련인데, 이 문제에 지나치게 신경이 곤두서 있는 분들을 주변에서 본 적이 있으시죠. 이런 분들은 여기에 쓰는 에너지가 남들보다 많습니다. 결국에는 민폐 끼치는 게 싫어서 손해 보는 삶에 익숙해집니다. 이렇게 자기 마음속 깊은 곳에 들어 있는 그림자는 삶에 지대한 영향을 끼칩니다.

또 그림자는 그 사람만의 독특한 개성과 결합하는 성질이 있어서 똑같은 일을 경험해도 상반된 그림자를 갖게 되는 경우가 많습니다. 이를테면 어떤 두 사람이 어렸을 때 자기주장을 했다가 부모에게 혼나는 경험을 비슷하게 했습니다. 그런데 성장한 이후 한 사람은 자기주장 강한 사람을 너무 싫어하는 사람이 되었고, 또 다른 한 사람은 자기주장 없이 남의 말에 그저 따르기만 하는 사람을 호구라며 너무 싫어하게 되었습니다. 이렇듯 같은 경험을 해도 전혀 다른 그림자를 갖게 되기도 합니다.

○ 비난으로 내가 얻게 되는 것은 뭘까?

그렇다면 이 그림자에 대해서 좀 더 이야기해볼게요. 그림자는 불빛을 비췄을 때 어두워지는 부분이죠. 어두워서 잘 보이지 않습니다. 심리학적으로도 마찬가지입니다. 그림자는 무의식에 속해 있기 때문에 내가 만나려고 해도 잘 만날 수가 없습니다. '당신이 싫어하는 그 사람의 그 특징이 당신의 그림자입니다'라는 말을 들어도 솔직히 이해할 수도 없고, 이해한다고 해도 인정하기는 쉽지 않습니다. 심지어는 강하게 거부감이 듭니다. 내가 싫어하는 그 사람의 특징이 나의 그림자라니 너무나 황당할 뿐이죠. 그런데 그래서 정말 이것이 중요합니다. 무의식 깊은 곳에 들어 있는 그림자를 제대로 인식할 수만 있다면 새로운 인생을 살 수 있기 때문이에요. 그 결정적 계기를 제공해주는 것이 바로 인간관계입니다. 주변에 강하게 거부감을 느끼게 만드는 사람이 있다면 한번 시도해보세요.

'나는 왜 이렇게 그 사람한테 거부감이 들지?'

바로 이 마음을 잘 따라가보세요. 특히나 우리가 살면서 어떤 사람을 보면 너무 화가 난 나머지 막 비난하고 싶어지는 순간들이 있습니다. 지적질을 하고 싶어지는 순간 말이에요. 하지만 이렇게 타인을 비난하고 지적질을 하면 나한테 뭐가 좋을까요? 오히려 관계만 나빠지고 사회생활하기는 더 힘들어지는데 말이에요. 하지만 그럼에도 불구하고 심리적 이득이 있으니까 비난을 하게 됩니다. 여기서 바로 이 '이득'이라는 것이 키포인트입니다. 누군가의 어떤 면을 비난하는 순간 내가 얻게 되는 이득을 말하는 거거든요. 그게 과연 뭘까요? 바로 나는 안 그런 것 같은 느낌이 든다는 거예요. 불편하다고 느꼈던 그 사람의 특징을 막 비난하고 나면 나는 그렇지 않은 사람이 되니까 갈등이 사라지고 뭔가 편안한 느낌을 받게 되거든요. 이것이 바로 그림자의 특징이에요. 문제는 여기서 느끼는 편안함이 임시방편이라는 거예요. '언 발에 오줌 누기'와 같은 거죠. 이렇게 일시적으로 편안해지면 오히려 나의 진짜 그림자와는 더욱 멀어집니다.

○ 남을 통해서만 알 수 있는 나의 그림자 자아

그림자는 자기 혼자 있으면 잘 안 보입니다. 남을 통해서만 볼 수 있습니다. 그래서 인간관계가 열쇠가 될 수 있어요. 투사라는 방어기제가 여기서 정말 잘 일어납니다. 이 투사 (projection)라는 것의 원리를 한번 생각해보세요. 프로젝터 (projector)에서 투사(project)를 하면 스크린 화면에 그림이 보이게 되죠. 화면의 내용은 프로젝터 안에 있는 건데, 마치 스크린 화면에 그 내용이 있는 것처럼 보이죠? 인간관계에서 투사도 이 논리와 똑같습니다. 내가 불편해하는 내용은 내 안에 있는 것인데, 그것을 관계 속에서 투사해서 보면 마치 남이 그것을 갖고 있는 것처럼 보여요. 또 나의 그림자는 불편한 사람뿐 아니라 반대의 경우로 너무나 좋아하는 사람을 통해서도 발견할 수 있습니다. 이상하게 어떤 사람을 지나치게 좋아할 때가 있을 거예요. 어떤 사람만 보면 막 되게 그 사람을 치켜세워주고 싶고 그 사람이 너무 좋아서 막 따라다니고 싶은 경우 말이에요. 이건 그 사람의 어떤 성격이나 스타일일 수도 있고 사회적 배경이나 직업일 수도 있습니다. 예를 들어 정말 애교 많고 사교적인 어떤 사람이랑 너무나 친해지고 싶다는 느낌이 듭니다. 공부를 너무 잘하는 친구랑 너무 친해지고 싶어서 안달이 납니다. 이처럼 강하게 끌리는 상대의 특징이 나의 그림자일 수 있습니다. 소극적인 성격에 대한 콤플렉스, 공부나 학력에 대한 복잡한 심정이 이렇게 발현되는 것이죠.

내가 싫어하는 사람이 나의 그림자 자아?

자 이제 나의 그림자가 뭔지 잘 이해가 되시죠? 그렇다면 어떻게 해야 할까요? 진아 씨에게는 마음껏 스스로를 자랑하는 미영 씨가 그림자일 수 있습니다. 그런데 이런 미영 씨를 보는 게 괴로워서 회사를 그만두면 모든 게 해결될까요?

이렇게 미영 씨처럼 불편한 나의 그림자를 건드리는 사람이 생겼을 때마다 회사를 그만두거나 친구 관계를 끊거나 모임에 발길을 끊으면 마음에 평화가 찾아올까요? 앞서 이야기했듯이, 이런 해결책은 임시방편일 뿐입니다. 회사를 옮겨도 미영 씨 같은 동료는 십중팔구 또 만나게 됩니다.

이렇게 자꾸 싫어하는 사람을 피해 다니다 보면 갈등이 해결되지 않은 채 그대로 있다 보니 인간관계에서 위축되고 자신감만 더 떨어집니다. 또 공격수가 아닌 수비수로만 인생을 살다 보니 성공의 기회를 만나기도 더 어려워집니다.

여기서 정말 중요한 것은 우선 진아 씨가 자신이 싫어하는 미영 씨의 특징이 자신의 그림자와 연결되어 있다는 것을 인식하는 것입니다. 이 글을 읽는 독자분들도 한번 시도해보세요. 내가 너무 싫어하는 사람(혹은 너무 좋아하는 사람)의 어떤 특징이 나의 그림자와 연결되어 있는지를 말이에요.

이 말을 듣고 마음이 어떠신가요? 전혀 생각해보지 못했던 영역이라 당황해하는 분도 계실 거고, 화를 내는 분도 계실 겁니다. 어떤 경우든 나의 무의식에 들어가 그 깊은 안쪽까지 들여다보게 되는 신호이니 자연스럽고 바람직합니다.

나의 그림자를 자각하게 된다고 해서 명쾌하게 한순간에 '유레카' 하면서 변화가 일어나지는 않습니다. 하지만 지금까지 나의 행동이나 심리를 납득하게 되는 느낌을 자주 받게 되면 내 안에서 뭔가가 통합되는 느낌이 들 수 있습니다.

이런 경험이 차곡차곡 쌓이면 조금씩 변화가 시작됩니다.
나를 차분하게 만들어주고 더 단단하게 만들어주는 거죠.
그러다 보면 그림자를 건드리는 사람을 만나도 편안하게
대처할 수 있게 됩니다.

나를 위한 심리학 케이크 5

누군가를 비난하고 싶을 때
먼저 생각해보기

누군가의 어떤 면을 비난하는 순간 내가 얻게 되는 이득은
뭘까요? 바로 나는 안 그런 것 같은 느낌이 든다는 겁니다.
불편하다고 느꼈던 그 사람의 특징을 막 비난하고 나면
나는 그렇지 않은 사람이 되니까 갈등이 사라지고
뭔가 편안한 느낌을 받게 되거든요.

누구에게라도
기대고 싶어요

○ 정이 많아서 피곤한 그녀

30대 초반 희라 씨는 정이 많습니다. 정이 많아서 좋을 것 같지만 오히려 고민이 더 많습니다. 인간관계 특히 연인 관계에서 상대보다 정을 더 많이 주는 편이다 보니, 언제나 매달리는 쪽이었고, 그러다 보니 상처받을 상황이 생겨도 상대방이 자신을 떠날까 봐 그냥 참는 것에 익숙해졌기 때문입니다. 그렇게 참다 참다 결국 폭발하게 되면, 결국 자기 탓을 하면서 사과하고 나서 관계를 이어나가는 일이 반복되었습니다. 친구들은 마음 단단히 먹고 그만 보내주라고 조언해줬지만 쉽지가 않았습니다. 사실 그녀의 이런 특징은 연인 관계뿐 아니라 친구 관계에서도 마찬가지였습니다. 혹시나 자신의 마음을 있는 그대로 표현했다가 사이가 멀어질까 봐 친구들의 의견을 조용히 따르곤 했으니까요. 그러다가 집에 돌아와서는 '도대체 나는 왜 이럴까' 하고 자책하는 일이 많았습니다.

그런데 이런 희라 씨에게도 변화가 생겼습니다. 얼마 전 동호회에서 알게 된 수연 씨와 점점 친해지면서 인간관계에서 경험해보지 못한 새로운 느낌을 받았기 때문입니다. 그것은 바로 서로 정신적으로 지지해주는 사람을 만났다는 느낌이었습니다.

"연인 관계는 아니지만 그보다 더 깊은 사이라는 느낌이 들어요. 태어나서 이런 감정은 처음이에요. 뭐라고 표현을 못하겠어요. 그냥 저한테 너무나 소중한 사람 같아요."

두 사람은 성격, 가치관이 비슷하고 인간관계에서 상처를 잘 받는다는 점도 정말 비슷했습니다. 희라 씨는 그녀와 대화를 하면 할수록 잘 통한다는 느낌을 받았고, 여태껏 이렇게까지 자신을 이해해주는 사람이 있었던가 하는 생각이 들었습니다.

자신이 지금까지 두려움과 불안 속에서 사람들에게 마음을 잘 열지 못했다는 것도 수연 씨와의 관계를 통해서 더잘 알게 되었습니다. 이상하게 그녀와 이야기를 나눌 때만큼은 불안하지 않았고, 편안하게 속마음을 드러낼 수 있었기 때문입니다. 어쩌면 가족보다도 더 정서적으로 교감을 나누고 안정감을 느끼는 것 같았습니다. 정말 인간관계에서 오랫동안 고민했던 문제가 수연 씨를 만나면서 말끔하게 해결된 것 같기도 했습니다. 마음이 편해지다 보니 세상이 살맛 나는 곳이라는 생각이 들었고 일도 더 잘 풀렸습니다. 그런데 마음 한편에서는 또 다른 고민이 싹트기 시작했습니다. 너무나 소중한 사람이다 보니 혹시라도 트러블이 생겨서 관계를 잃어버릴까 봐 걱정이 됐기 때문입니다.

"정말 소중한 친구라 이 관계를 잘 이어나가고 싶은데요. 혹시 서로 소통에 문제가 생겼을 때, 어떻게 해야 할까요? 이런 사람을 또 만나기는 정말 힘들 것 같은데, 만약 그런 일이 생긴다면 저는 정말 너무 힘들 것 같아요."

희라 씨는 왜 이런 고민을 하는 걸까요? 희라 씨는 동성이
든 이성이든 그 관계가 끊겼을 때 너무 고통스러워합니다.
일상생활이 안 될 정도로 완전히 망가질 것 같은 두려움을
느낍니다. 그래서 관계를 유지하기 위해 굉장히 애를 씁니
다. 이것 자체는 괜찮습니다. 아무 문제가 없어요. 그런데
문제는 본인이 '을'의 입장을 자처한다는 것입니다.

　희라 씨의 경우에도 바로 이 점이 핵심입니다. 그녀는 도
대체 왜 '을'이 되면서까지 관계를 이어가려고 할까요? 사
실 사람과의 관계에서는 그것이 연인 사이든 친구 사이든
종종 멀어질 수도 있고, 잠시 관계가 끊길 수도 있습니다.
어찌 보면 관계에서 일어나는 자연스러운 과정인 거죠. 특
히 소통이 매끄럽지 않아서 작은 오해가 생긴다거나, 잠깐
거리를 둔다거나 하는 일은 가까운 사이에서도 충분히 일
어날 수 있습니다. 그런데 희라 씨에게는 이 과정이 자연스
럽지 않습니다.

　혼자가 될 것 같은 상황이 되면 감당할 수 없을 정도로
두려움을 느끼고 그 감정이 다른 사람들에게 그대로 전달

되기 때문입니다. 만약 상대방이 약간 멀어지는 느낌이 들어도 본인이 자연스럽게 소통을 시도하고 오해를 풀려고 노력하면 되는데, 희라 씨는 그걸 잘 못합니다. 그런 상황이 쉽지 않고 어떤 마음을 가져야 할지 막막하기만 했습니다. 이런 마음을 친구들에게 털어놓으면 "너무 노심초사하지 말고 마음을 편하게 가져봐"라는 말을 듣지만 희라 씨에게는 와닿지 않았습니다. 늘 그러고 싶었지만 잘 되지 않았으니까요. 도대체 어떻게 마음을 먹어야 할지 희라 씨는 늘 고민했습니다.

○ 나는 그 사람의 어떤 점에 매료되었을까?

그런데 희라 씨는 마음가짐이 아니라, 자기감정에 집중해야 합니다. 왜 이렇게 불안하고 막막한지 그 마음의 근원을 잘 살펴봐야 합니다. 지금 당장은 수연 씨와의 관계를 잘 이어가고 싶은 마음이 급하겠지만 진짜 중요한 건 내 마음입니다. 수연 씨가 아니라 그 누가 됐든 그 사람이 나를 어떻게 생각하는지에만 집중하면 문제가 풀리지 않습니다.

'나를 어떻게 생각할까? 나를 싫어하면 어쩌지?'라는 생각 대신에 내가 상대방을 어떻게 바라보고 있는지, 상대방을 대하는 순간 내 마음이 나도 모르게 어떻게 흘러가고 있는 지를 섬세하게 살펴봐야 합니다.

'그 사람의 어떤 점에 매료되었을까?'

'나는 왜 손해를 보면서까지 그 사람한테 사랑받으려고 할까?'

희라 씨의 경우에는 친밀함에 대한 욕구가 큽니다. 사람에 따라 원하는 애정의 양은 차이가 있는데 희라 씨는 애정을 갈구하는 기질을 타고났습니다. 애정이 필요한 기질을 타고났는데 어렸을 때 그것을 충분히 받지 못하면 어떻게 될까요? 성인이 되어서도 계속 애정을 갈구하게 됩니다. 또 성장 과정에서 부모에게 최대한 복종하면서 살다 보니 상대에게 맞춰주는 성격으로 굳어지게 돼요. 원래 모든 인간은 성장하면서 부모와 갈등을 겪고 그 속에서 자기만의 세계를 만들어가기 마련입니다. 하지만 애정을 갈구하다 보니 최대한 갈등을 피하려고 합니다. 부모가 내 뜻과 맞지 않는 걸 시켜도 사랑받기 위해서 최대한 맞춰주려고 노력하게 돼요. 내 주장을 굽히고 시키는 대로 해야지만 부모에게 정서적인 지지를 받을 수 있으니까요. 희라 씨 스스로 자신에게 어떤 심리적 맥락이 있는지를 알면 자신의 마음을 이해하기가 더 쉬워집니다.

○ 나는 왜 이렇게 애정을 갈구할까?

그렇다면 희라 씨의 어린 시절과 부모와의 관계를 더 깊숙이 들여다볼까요? 그녀는 어린 시절부터 어머니에게 의존적이었습니다. 그런데 안타깝게도 어머니는 그런 희라 씨를 잘 받아주지 않았습니다. 희라 씨의 아버지가 워낙 독선적인 성격이라 그 부분에 맞추면서 사느라 스트레스를 받다 보니 자기도 모르게 딸인 희라 씨에게 차갑게 대했습니다. 응석을 부려도 잘 받아주지 않았어요. 결국 희라 씨가 선택할 수 있었던 것은 어머니 말씀을 잘 듣는 것뿐이었습니다. 그러다 보니 사춘기 때도 다른 애들처럼 부모와 큰 갈등이 없었습니다. 적어도 겉으로 보기에는 무난한 관계처럼 보였던 거죠. 하지만 그 속을 들여다보면 전혀 아닙니다.

우선 희라 씨는 늘 무의식적으로 무기력감을 느낍니다. 또 버림받아 혼자가 될지 모른다는 생각이 마음속 깊은 곳에 들어 있어서 늘 불안합니다. 만성적인 무기력감과 불안감. 이 두 가지가 희라 씨의 기본 정서인 거죠.

그녀는 이 감정을 줄이기 위해 인간관계에서 스스로 '을'이 되면서까지 정서적인 친밀감을 갈망하는 사람으로 자랐습니다. 언제나 먼저 상대에게 맞춰주고, 심한 경우에는 착취를 당해도 친밀한 관계가 깨질까 봐 걱정부터 하는 사람이 되어버린 거죠.

지금 새로 알게 된 수연 씨와의 관계도 이런 문제에서 비롯됐다고 보면 됩니다. 아무 문제가 없고 이 상황을 그저 받아들이면 되는데 마음속 깊은 곳에 들어 있던 불안감이 비집고 올라오면서 걱정과 불안에 휩싸여서 떠는 거죠. 그냥 그때그때 있는 그대로 나의 감정이 흘러가는 대로 자연스럽게 놔두면 되는데 희라 씨는 그 과정이 너무 힘듭니다. 정서적인 친밀감을 원하는 마음이 너무나 간절하기 때문이에요. 그 간절한 마음이 있기 때문에 미리 갈등을 막기 위해 애써보는 겁니다. 그래서 '어떻게 하면 그 사람과 완벽하게, 자연스럽게 소통할 수 있을까?', '도대체 어떤 마음가짐을 가져야 하지?'라고 고민하는 거예요. 이런 고민을 한다는 거 자체가 사실 내 마음이 자연스럽지 않고 부담을 느끼고 있다는 증거인데 말이에요.

만약 독자 여러분 중 희라 씨의 사연에 공감한다면 내 안에 쌓여 있는 관계의 실마리가 보일 겁니다. 왜 내가 이렇게까지 간절하게 이해받기를 원하는지 일단 그것부터 생각해보세요. 거기서부터 문제가 풀리기 시작할 겁니다.

○ 나의 사소한 감정을 절대 감추거나 속이지 마세요

그런데 또 한편으로는 이런 식으로 나의 어린 시절을 되돌아보면서 심리적 맥락을 살펴보는 거 자체가 거북할 수도 있습니다. 복잡하게 생각하기도 싫고, 그냥 지금 내 발등에 떨어진 문제 자체에만 집중하고 싶을 수도 있으니까요. 만약 그런 마음이 든다 해도 괜찮습니다. 거부감이 든다면 본인만의 이유가 있는 거거든요. 그만큼 감정적으로 힘들었다는 신호니까요.

그럴 때는 내 마음이 어디서부터 잘못된 건지 분석해보

겠다는 생각이 아니라, 그냥 그 상황에서 그럴 수밖에 없었던 내 입장을 전적으로 수용하는 마음으로 접근해보세요. 적어도 내 스스로 내 편이 되어주는 겁니다. 공감해주려고 계속 노력하는 거죠.

'내가 잘못된 게 아니야.'
'내가 지금 화가 나는 건 당연한 거야.'
'내가 지금 서운한 감정을 느끼는 것도 당연한 거야.'

이런 식으로 나 자신에게 말해주는 겁니다. 계속해서 스스로의 마음에 동조하면서 내가 내 편이 되는 것도 결코 쉬운 과정만은 아닙니다. 잘 되지 않는다 해도 의식적으로 시도해보는 게 중요합니다. 이렇게 해서 내가 내 편이 되어준다면 그다음에는 내 행동 패턴에 저항을 걸어보세요.

희라 씨의 경우를 예로 들어보자면 이런 거예요. 지금 희라 씨는 수연 씨와 사이가 좋지만 앞으로 관계가 지속되다 보면 크고 작은 갈등은 반드시 일어나게 되어 있습니다. 이를 테면 수연 씨가 무심코 던진 말에 상처를 받는다거나 별거 아닌 행동에 섭섭함을 느낀다거나 할 수 있습니다.

바로 그 순간에 자동적으로 원래 자신의 패턴대로 행동하기 쉬운데, 그 부분에 저항을 거는 것입니다.

속마음은 그렇지 않으면서 수연 씨를 잃고 싶지 않은 마음에 갈등의 불씨를 무조건 덮어버리거나 아무렇지 않은 척하면 안 된다는 말입니다. 어떻게 보면 그냥 사소한 일일지 모르지만 그렇지 않습니다. 나의 사소한 감정을 절대 감추거나 속이지 마세요. 그럴 때는 솔직한 감정을 수연 씨에게 전달하는 방법을 찾아야 합니다. 너무 늦게 반응하면 더 어색하고 말하기 어려워질 수 있으므로 평소에 나의 행동 패턴을 돌아보면서 원칙을 정해놓는 것도 방법 중 하나입니다.

> 미안하지 않으면서 미안하다는 말 하지 않기.
> 속으로는 섭섭하면서 겉으로 괜찮은 척하지 않기.
> '이건 아니다' 싶을 때는 차분하고 솔직하게 말하기.

이런 식으로 메모해두고 행동할 때 참고하면 훨씬 도움이 됩니다. 100% 지키지 못한다고 해도 괜찮습니다. 내가 할 수 있을 때, 할 수 있는 상황에서 조금씩 시도하는 게 중요해요. 한 번, 두 번, 세 번 반복해서 이 행동 패턴을 몸에 익혀보면 상대의 반응도 조금씩 달라지는 것을 느낄 수 있을 겁니다.

나를 위한 심리학 케이크 6

을이 되면서까지
관계를 유지하고 있다면 해야 할 일

1. 그 사람의 어떤 점에 끌렸는지 차분히 생각해본다.
2. 내가 갈구하던 핵심이 뭔지 알게 된다.
3. 나 자신을 이해해주는 말을 들려준다.
4. 관계가 끝날까 봐 나 자신을 속이는 말과 행동을 했는지
되돌아본다.
5. 그 사람에게 서운하거나 속상하면 솔직하게
털어놓는 연습을 한다.

PART 2

"인간관계는 사실
자기 자신과의 관계다"

지금 힘들다면 엉뚱한 데
에너지를 쓰고 있는 건 아닐까?

인간관계 때문에 유독 힘들어하는 사람들의 공통점

저는 인간관계와 관련된 상담을 많이 하는 편입니다. 우울
증이나 불안 장애 등의 질환을 겪고 있는 분들, 자존감이
낮아진 분들과 상담을 하지만, 이 모든 경우 그 속을 파보면
뿌리에는 언제나 인간관계에 대한 고민이 박혀 있습니다.

초반에는 인간관계의 갈등이 잘 드러나지 않더라도 상
담을 지속할수록 이면에 있는 인간관계 패턴과 그로 인한
고민이 드러나게 마련이죠. 그런데 인간관계로 많이 힘들

어하는 분들에게는 한 가지 공통점이 있습니다. 그것은 기대치가 굉장히 크다는 거예요. 인간관계 자체에 대한 기대치, 또 사람들이 나를 어떻게 보면 좋겠는지에 대한 자신만의 기대치를 말합니다. 기대치가 크다 보니 실망도 많이 하게 되고, 실망을 하다 보니 관계에서 위축되는 거죠.

인간관계 때문에 힘들어하는 사람일수록, 그 마음을 잘 살펴보면 주변에서 자신을 싫어하는 사람이 한 명도 없기를 은연중에 바라고 있는 경우가 참 많습니다. 그래서 노력도 굉장히 많이 합니다. 이 사람 저 사람에게 잘 보이기 위해 시간과 에너지를 쓰고, 관계를 유지하기 위해 항상 먼저 연락하고, 소소한 선물을 주기도 하고요. 그런데 그렇게 '노오오오력'을 하면 인간관계가 술술 풀릴까요? 아쉽지만 내가 노력하면서 상상했던 기대치에는 훨씬 못 미칩니다. 왜 그럴까요? 사람이 서로 무의식적으로 주고받는 에너지가 5 대 5로 딱 맞아떨어지기는 쉽지 않기 때문이에요. 또 내가 아무리 노력한다고 해도 세상에는 나를 싫어하는 사람 혹은 나를 불편해하는 사람이 있을 수밖에 없기 때문이죠.

지금 인간관계 때문에 힘들다면 혹시 내가 모든 사람이

나를 좋아하면 좋겠다는 마음에 정말 이상한 사람(혹은 나랑 맞지 않는 사람)까지도 기왕이면 나를 좋아하기를 바라면서 노력한 것은 아닌지 생각해봐야 합니다. 엉뚱한 곳에서 노력을 하니까 그럴수록 더 상처받고, 힘들어지는 거거든요. 속된 말로 만신창이가 되죠.

◦ 인간관계는 사실 내 마음대로 되는 게 아니다

만약 주변 사람들이 다 나를 좋아하면 좋겠다는 희망을 품고 있다면, 사람의 행동이 어떻게 될까요? 당연히 사람들을 대할 때마다 조바심이 나면서 긴장 혹은 집착을 하게 마련입니다. 그러면 그 에너지가 너무나 자연스럽게 상대방에게 전달돼서 오히려 부담스러운 사람이 되어버리고 결국에 그 사람은 내가 그토록 두려워했지만 '나를 싫어하는 사람'이 되는 수순을 밟아나가죠. 참 아이러니하고도 억울한 일이 아닐 수 없습니다. 그래서 제가 강조하고 싶은 메시지는 '인간관계의 키는 사실 내가 쥐고 있는 게 아니다'라는 거예요. 이 부분을 인정하기 싫고 "그래도 제가 인간관계의 키를 쥐는 방법은 없나요?"라고 묻는 분들에게 저는 주어를 바꿔서 스스로에게 질문해보라고 말씀드리고 싶어요.

'왜 나는 인간관계의 키를 쥐고 싶어 할까?'
'왜 나는 자꾸 인간관계에 집착할까?'

이렇게 말이죠. 내 마음속에 집중해서 생각해보는 게 오히려 인간관계를 개선하는 데 큰 도움이 됩니다. 찬찬히 생각해보면 인간관계라는 거 자체가 사람과 사람과의 관계잖아요. 나의 인간관계는 나와 타인의 관계죠. 나 혼자서 어떻게 할 수 있는 영역이 아니라는 것이 단어 자체에 들어 있습니다.

나와 타인이 여러 영역에서 서로 균형을 맞춰나가야 하는데 인간관계가 힘든 분들은 이 균형이 잘 맞지 않습니다. 어느 한쪽으로 쏠려 있는 거죠. 그렇다면 어느 쪽으로 쏠려 있을까요? 말을 바꿔서 다시 질문하자면 관심의 초점이 주로 자기 자신에게 있을까요, 타인에게 있을까요? 인간관계로 힘들어하는 사람일수록 관심의 초점이 타인에게 쏠려 있습니다.

'어 이상하다. 자기한테만 신경 쓰는 사람이 이기적이고, 그래서 인간관계가 나쁜 거 아닌가……'라고 생각하기 쉽지만 그렇지 않은 경우가 훨씬 더 많습니다. 철저히 자기중심적이고 자기만 신경 쓰는 사람은 주변 사람들이 자신을 어떻게 생각하건 말건 별 관심이 없어요. 관계 때문에 힘들어할 일이 없는 거죠.

오히려 남에게 지나치게 신경 쓰는 사람들이 힘듭니다. 이들은 객관적으로는 인간관계가 나쁘지 않은 편인데도 스스로 인간관계가 나쁘다고 생각하면서 굉장히 위축이 됩니다. 이것이 정말 딜레마예요. 물론 사람의 심리 자체가 알면 알수록 딜레마지만요. 내가 원하면 원할수록 잘 안 되고, 반대로 살짝 내려놓으면 마음이 편해지면서 오히려 잘 되는 것들이 참 많습니다.

예를 들어 고3 학생이 수능 전날, '오늘 밤에는 기필코 일찍 잘 거야!'라고 결심한다고 해서 잠이 저절로 올까요? 잠이라는 것도 꼭 자려고 하면 할수록 저 멀리 달아납니다. 오히려 '내일 별일 없으니 오늘 밤에 잘 자든 말든 별로 상관없어'라는 마음으로 있으면 자연스럽게 잠이 스르륵 옵니다. 그러므로 모든 인간관계에서 전제조건은 내 마음대로 되지 않는다는 걸 그냥 받아들이는 거예요. 만약 지나치게 인간관계에서 스트레스를 받는 타입이라면 한번 생각해보세요. 내가 지금 엉뚱한 사람, 나와 별 상관없는 사람, 내 인생에 그다지 영향을 미치지 않는 사람. 그런 사람 때문에 지나치게 신경을 쓰는 건 아닐까 하고 말이에요. 상대방은 전혀 나에 대해 신경 쓰지 않고 관심조차 없는데, 나혼자 힘들어하는 경우가 정말 많다는 걸 기억해보세요. 이 점을 찬찬히 생각해보고 나면 마음이 한결 가벼워지는 걸느낄 수 있을 거예요.

나를 위한 심리학 케이크 7

인간관계가 내 마음대로 안 풀릴 때
나에게 질문하기

'왜 나는 인간관계의 키를 쥐고 싶어 할까?'
'왜 나는 인간관계에 자꾸 집착할까?'

인간관계 때문에
퇴사를 반복하는 사람

회사에서 마음 둘 사람이 없어요

20대 후반 주영 씨는 얼마 전 입사 1년 만에 퇴사를 했습니다. 조건도 괜찮았고 업무도 그런대로 무난했지만 회사에서 마음을 나눌 수 있는 사람이 단 한 명도 없었기 때문입니다. 더 심각한 건 이번이 처음이 아니라는 사실이었습니다. 주영 씨는 대학 졸업 후 다섯 군데 회사를 다녔지만 항상 같은 문제 때문에 퇴사를 반복했습니다. 그나마 이번에 그만둔 회사를 가장 오래 다녔는데 또 똑같은 문제 때문에 힘들어지자 자포자기하는 심정이 되었습니다. 업무가 아니라 인간관계 때문에 힘들어하는 자기 자신에게 너무 실망했기 때문이죠.

그렇다고 주영 씨가 직장 내 괴롭힘을 당했다거나 상사에게 호되게 질책받았다거나 하는 사건이 있었던 것도 아닙니다. 오히려 직장 동료들은 그녀가 왜 그만두는지 눈치채지 못할 정도로 그녀에 대해 좋게 생각했습니다. 그녀는 겉으로 보기에는 평범하고 무난하게 회사 생활 잘하는 동료였던 겁니다. 하지만 주영 씨 입장에서는 아니었습니다. 그녀는 일도 솔선수범해서 하고 남들이 하기 싫어하는 일도 본인이 하려고 노력하는 타입이었습니다. 그런데 그녀가 보기에 동료들은 그런 그녀를 이용만 할 뿐 진짜 이해해주려고 하지 않았습니다. 다들 제 잇속 차리기에만 급급할 뿐 주영 씨가 왜 속상한지 들어주는 사람은 전혀 없었던 겁니다. 주영 씨는 사람들과 친해져보려고 자신이 먼저 노력도 해봤지만 아무도 반응해주지 않았습니다. '혹시나'가 '역시나'가 되었고 주영 씨의 마음은 더 공허해지기만 했습니다. 그녀는 외로웠습니다. 물론 회사 생활이 대학 생활과 다르다는 것을 모르는 바는 아닙니다. 하지만 조언을 구할 사람도 없고 소소한 일상을 공유할 사람도 없는 상태에서 좀비처럼 회사에 다니는 것 같아서 우울해졌습니다.

주영 씨는 자기 자신에게 문제가 있다는 생각에 심리학 책도 여러 권 읽어봤지만 좀처럼 해결할 수가 없었습니다. 이런 문제 때문에 회사를 그만둔다는 게 맞는 걸까요? 주영 씨는 앞으로 어떻게 해야 할까요?

◎ 간절히 원할수록 고통받는다

우선 이 이야기에서 정말 안타까운 건 그녀가 회사 사람들에게 거절당한 게 아닐지도 모른다는 점입니다. 그건 주영 씨만의 착각일 수도 있어요. 그리고 그 착각은 회사 사람들에게 너무 많은 기대를 하기 때문에 발생합니다. 조언을 구했을 때 자기 일처럼 나서서 답변해주는 선배. 아무도 하고 싶지 않은 일을 남 몰래 묵묵히 했을 때 그걸 알아봐주는 상사. 힘든 걸 알아채고 미리미리 도와주는 동료. 이런 이상적인 선배, 상사, 동료가 과연 이 세상에 얼마나 있을까요? 주영 씨의 사연에서 알 수 있듯이 그들은 '다들 제 잇속 차리기에만 급급할 뿐' 그녀에게는 무관심합니다. 그녀가 아무리 열심히 일하고 먼저 다가가서 친한 척해도 그들은 자기 삶을 사느라고 주영 씨에게 관심이 없는 거죠. 여기서 바로 이 사연의 키포인트를 발견할 수 있습니다. 주영 씨의 머릿속에는 인간관계에 대한 이상적인 모습이 들어 있고 그 이상을 추구합니다. 너무 열심히 잘하고 싶은 마음이 있기 때문에 그만큼 사람들에게 실망하고 또 자기 자신에게 실망해서 우울의 늪으로 빠져버리는 거죠. 기대가 실망을 부르는 형국입니다. 인간관계 때문에 고통받는 사람들 중에는 이렇게 주영 씨처럼 인간관계에 목말라하는 사람들이 많습니다. 간절히 원하기 때문에 오히려 고통받는 거죠. 그 고통을 잊기 위해서 마지막으로 그녀가 뽑은 카드가 바로 회사를 그만두는 것 즉 '회피'인 거죠.

○ 상대방의 시선에 신경이 곤두서 있는 사람

다른 사연과 마찬가지로 주영 씨의 경우에도 왜 자신이 힘들어졌는지, 자신이 어떤 사람이기에 인간관계에 이렇게 힘들어하는지, 그것을 아는 것이 급선무입니다. 자신의 마음을 이해해주는 것은 심리 치료의 첫 단계입니다. 하지만 그걸 알게 되었다고 해도 회사를 반복해서 그만둘 정도로 마음의 상태가 심각하게 우울하다면 상담 치료를 권하고 싶어요.

한 가지 다행인 것은 주영 씨 같은 타입이 상담 치료를 받게 되면 상담자의 말을 정말 잘 따른다는 겁니다. 이들은 무의식적으로 상담자의 환심을 사려는 행동을 많이 합니다. 예를 들어 약속 시간보다 훨씬 일찍 와서 기다리기도 하고, 몹시 공손한 태도를 보이기도 하고, 커피 같은 음료수를 선물하기도 합니다. 인간관계 패턴에서와 마찬가지로 '상대방이 나를 어떻게 보는지', '그 사람이 나를 싫어하면 어쩌지' 하는 데 신경이 곤두서 있기 때문이에요. 혹시라도 상담자마저도 자신을 싫어하고 거부하게 될까 봐 두려운 거죠. 상담자가 별 의미 없이 내뱉은 말에도 지나치게 의미 부여를 하기도 합니다. 심지어는 자신의 말을 듣는 상담자가 턱을 괴거나 엉덩이를 앞으로 빼고 앉거나, 피곤하다는 뉘앙스만 풍겨도 얼굴 표정이 불안하고 어두워집니다. 그와 반대로 자신의 말에 정말 집중해주거나 세세한 말한 마디를 기억하고 있을 때는 불안감이 싹 사라지죠. 이렇게 감정이 타인의 반응에 의해 오르락내리락 요동치는 것이 이 타입의 특징입니다. 주영 씨는 상담 치료를 통해 우선은 자존감을 회복하는 것이 시급합니다. 내 마음을 온전히 이해받고 존중받는 경험을 지속적으로 맛봐야 합니다.

○ 당신은 내 기분을 망칠 수 없어요

물론 상담 치료는 주영 씨의 힘든 점을 들어주고 무조건 지지만 해주는 것은 아닙니다. 악순환되는 행동 패턴에 대해 지적하고 개선할 수 있도록 요구하기도 해요. 바로 이 타이밍이 위기이자 기회입니다. 이때 또다시 자기 잘못을 지적당한다는 생각이 강해져서 상담 자체를 거부하고 '회피'를 택할 수도 있거든요. 그렇게 되면 오랫동안 받은 상담 치료도 도루묵이 될 수 있습니다. '아, 역시 나는 안 되는구나', '나란 인간한테는 희망이 없구나'라는 부정적 편향이 더 심해지는 거죠. 그렇게 되면 회피하는 행동 패턴이 그 이전보다 더 강화될 수 있습니다. 그러므로 상담 치료의 경우 상담자도 아주 천천히 조심스럽게 접근하는 게 좋습니다. 충분히 공감한 후 두터운 신뢰관계가 있는 상태에서 행동 패턴에 대한 교정에 들어가야 한다는 겁니다. 또한 주영 씨도 이 타이밍이 바로 위기이자 기회라는 것을 인지하고 있는 게 좋습니다. 아무리 기회가 와도 스스로 그것이 기회라고 인지하지 못하면 지금까지 살았던 것처럼 앞으로도 힘든 마음을 안고 살 수밖에 없으니까요. 또 여기서 중요한 것은 상대방의 태도와 관계없이 내 감정을 좋게, 내 기분을 좋게 할 수 있는 능력을 스스로 갖고 있다고 되뇌는 거예요. 감정을 컨트롤할 수 있는 키를 타인이 아닌 내가 쥐고 있다고 스스로에게 최면을 거는 거죠. 이를 테면 이렇게 스스로를 다독이는 겁니다.

'선생님이 지적한 것은 나의 오랜 행동 패턴이지 나라는 사람 자체가 아니야.'
'선생님이 거절한 것은 나의 의견이지 나라는 사람 자체가 아니야.'
'내 기분을 조절하는 것은 오로지 나만이 할 수 있어.'
'그 사람 때문에 내 기분을 망칠 수는 없어. 나의 하루는 그 무엇보다 소중하니까.'

'아무도 알아주지 않아도 괜찮아. 내가 알아주면 되니까.'

'나한테는 나라는 친구가 있잖아. 내가 나에게 용기를 줄 수 있어.'

이렇게 기분이 저조해지려는 순간, 마치 마법사가 주문을 외듯 용기를 북돋워주는 문장을 기억하고 있는 것도 큰 도움이 됩니다. 각자 자신에게 꼭 필요한 주문이 있다면 스스로에게 들려주세요. 이 과정을 반복하다 보면 들쭉날쭉하던 감정의 그래프가 조금씩 조금씩 안정되는 걸 느낄 거예요. 그렇게 되면 점점 이전과는 다른 새로운 내 모습도 볼 수 있게 될 거예요.

나를 위한 심리학 케이크 8

나를 기분 좋게 만드는 주문을 만들어
위급 시 사용한다.

'그 사람 때문에 내 기분을 망칠 수는 없어.
나의 하루는 그 무엇보다 소중하니까.'
'아무도 알아주지 않아도 괜찮아. 내가 알아주면 되니까.'
'나한테는 나라는 친구가 있잖아.
내가 나에게 용기를 줄 수 있어.'

지적받는 걸
못 견디는 사람

○ 한 번 지적을 받으면 하루 종일 신경이 쓰여요

30대 중반 소영 씨는 오늘도 회사에서 스트레스가 팍팍 쌓입니다. 업무 자체에 대한 스트레스라기보다는 회사에서 만나는 많은 사람들이 자신을 평가하고 있다는 느낌을 받을 때마다 불쾌해지기 때문입니다. 상사의 표정이 안 좋으면 왠지 '내가 뭐 잘못한 거 아닐까?' 하고 걱정이 됩니다. 아니 좀 더 정확하게 표현하자면 '나를 싫어하는 거 아닐까?'라는 생각이 드는 겁니다. 남들보다 외모가 뛰어난 것도 아니고 그렇다고 성격이 쾌활한 것도 아니고, 일을 주도적으로 척척 해내는 것도 아니라서 왠지 사람들이 자신을 싫어할 것만 같습니다.

하루는 팀장님이 출근하자마자 소영 씨에게 다가오더니 어제 올렸던 보고서 중 잘못된 부분을 수정해서 다시 올리라고 말했습니다. 그런데 그 순간 소영 씨는 얼굴이 화끈거렸습니다. 팀장님의 목소리가 너무 크게 느껴졌고 왠지 회사 동료들이 자신의 실수를 다 알게 된 것 같았기 때문이죠.

'아…. 어쩌지. 아 진짜 쪽팔려….'

소영 씨는 오전 내내 사람들과 눈도 맞추지 못하고 업무에도 집중하지 못했습니다. 점심시간에는 휴게실에 삼삼오오 모여서 수다를 떠는 사람들이 왠지 자기 이야기를 하는 것 같아서 신경 쓰였습니다. 평소에 사람들과 잘 어울리지도 못하고 대화에 잘 끼지도 못했는데 이제는 더더욱 사람들이 자신을 싫어할 것만 같아 위축됐습니다. 그래서 그녀는 그 무리를 피해 다녔습니다. 더 문제인 건 퇴근 이후에도 오전에 팀장님에게 지적받았던 일이 계속 떠올랐다는 겁니다. 소영 씨는 아무리 다른 생각을 하려고 해도 자꾸 회사 일이 떠올라서 기분이 나빠지자 다음 날 연차를 내

기로 결심했습니다.

○ 인간관계의 기본 원칙, 거울의 법칙

지적, 평가, 비판. 이런 걸 즐기는 사람은 없죠. 누구나 자신에 대해 부정적인 말이나 평가를 들으면 불쾌해지기 마련이죠. 하지만 우리가 평생을 사는 동안 이것은 늘 우리를 따라 다닙니다. 유치원 때부터 대학 생활에 이르는 학창 시절에만 그런 건 아니죠. 직장 생활, 심지어는 가정생활에서도 나에 대한 평가는 알게 모르게 따라 다닙니다. 그중에서도 특히 학교나 직장에 처음 들어간 시기에는 지적당할 일이 무척이나 많습니다. 선생님, 선배, 상사들은 그들이 먼저 알고 있는 지식이나 노하우를 학생, 후배들에게 전달해주기 위해 애씁니다. 애초에 그것이 누군가를 괴롭히기 위한 것은 아니라는 거죠.

그런데 누군가에게 지적받는 것을 견딜 수 없을 정도로 힘들어하는 사람이 있습니다. 상대가 그런 의도를 갖고 한 말이 아닌데도 자신에 대한 비난으로 과하게 받아들이는 사람이 있습니다. 이들은 안 좋은 말을 들으면 하루 종일 우울하고 기분이 회복되지 않아 다른 일에 집중하지 못할 정도로 영향을 받습니다. 또 한번 마음이 상하면 그 생각에만 몰입이 되다 보니 상대가 자신을 미워하고 싫어한다고 단정 짓기가 쉽습니다. 막상 그렇게 되면 상대방도 처음과는 달리 점점 진짜로 그 사람을 미워하게 되는 결과로 이어지기도 합니다. 거울의 법칙이 작동하는 거죠. 그래서 인간관계에서 악순환이 이어집니다. 이들은 지적받는 상황이 너무 힘들기 때문에 다시는 그런 상황과 마주하지 않으려고 노력합니다. 그래서 선택한 것이 바로 '회피'죠. 그러다 보면 어느 순간 자주 학교에 빠지거나 회사에 결근하는 사람이 됩니다.

○ 자존감은 내가 나를 어떻게 보는가의 문제다

그렇다면 왜 이렇게 지적받는 것에 예민할까요? 상대방이 나를 평가하는 것에 지나치게 예민한 반응을 보이는 것은 자존감과 많은 관련이 있습니다. 자존감이 낮을수록 남의 평가에 휘둘릴 수밖에 없기 때문이죠. 자존감이라는 게 뭘까요? '남이 나를 어떻게 보는가와 별 상관없이 내가 나를 어떻게 보는가'가 자존감의 핵심 명제입니다. 소영 씨처럼 팀장님의 지적질 한마디에 심리적으로 크게 타격을 받아 하루 종일 기분이 저조하다면 나 스스로에 대한 믿음이 어느 정도인지 우선 되돌아볼 필요가 있어요. 물론 이런 사람들이 긍정적인 평가를 받을 때는 좋습니다. 기분이 좋아지니 더 열심히 하게 되고 그러다 보면 성과도 좋아질 수 있어요. 하지만 우리는 살면서 그렇지 않은 상황에 처하는 경우가 훨씬 더 많습니다. 그럴 때마다 마음이 흔들리고 계속 부정적인 사건에만 신경이 쓰인다면 당장 해야 할 일에도 집중하지 못하게 되니 큰일이죠. 이런 사람들은 곧잘 회피 성향으로 빠집니다. 사람을 대하고 평가받는 일 자체가 너무 부담스럽기 때문에 아예 관계 자체를 포기하는 것을 택하기가 너무 쉬워요. 혼자 있으면 그렇게 고통스러울 일이 없거든요. 그런데 그렇다고 모든 게 해결될까요?

누군가와 소통하고 지지받고 싶은 것은 인간의 기본적인 욕구입니다. 하지만 회피 성향으로 빠지게 되면 이 욕구를 충족할 기회가 줄어들죠. 또 '인간관계력'이라는 것도 관계를 맺으면 맺을수록 늘어나는 것인데 그 능력을 키울 가능성이 줄어듭니다. 사람을 많이 만나봐야 위기에 대응하는 방법도 터득하게 되고 또 나의 성향과 맞는 사람, 맞지 않는 사람을 구별하는 판별력도 점점 늘어나는데 그것을 연습할 시간 자체를 거부하기 때문이에요. 그러다 보니 누군가 관심 있는 사람이 나타나도 지나치게 그 사람의 사소한 행동에 의미 부여를 하거나 과도하게 기대하고 또 과도하게 실망하는 실수를 반복할 확률이 매우 높습니다.

왜 나는 이런 사람이 되었을까?

그렇다면 어떻게 해야 할까요? 어떻게 해야 지적받아도 그냥 '그런가 보다' 하고 자연스럽게 받아들일 수 있을까요? 아니 그렇게까지 되지는 않더라도 덜 상처받을 수 있을까요? 이것 역시 첫 번째 해야 할 일은 스스로에게 질문해보는 것입니다.

"나는 지적받을 때 어떤 기억을 떠올리는 걸까?"

소영 씨가 상사의 말 한마디에 하루 종일 업무가 마비될 정도로 신경 쓰는 사람이 된 것은 다 이유가 있을 겁니다. 소영 씨의 기억 속에 거절당한 경험, 도움을 요청했지만 거부당한 경험이 깊숙이 박혀 있을 수 있어요. 어린 시절에 이런 경험을 반복해서 하게 되면 타인의 평가에 민감한 사람이 될 수밖에 없습니다. 예민한 체질로 타고난 사람이 이런 경험을 하게 되면 과민함은 더욱 극대화됩니다.

물론 한 개인의 삶은 제가 이렇게 간단하게 설명할 수 있는 것보다 훨씬 더 방대하고 복잡하고 구체적입니다. 소영 씨의 기억 속에는 이와 관련한 수많은 에피소드들이 들어 있을 거예요. 그 기억을 되짚어 찾아가다 보면 다시 그때를 떠올려야 해서 마음이 괴롭기 때문에 그냥 덮어두고 싶은 마음이 커질 수도 있어요.

하지만 정말로 회피하는 행동 패턴을 바꾸고 싶다면 꼭 선행해야 하는 작업입니다. 힘들면 잠시 쉬었다 가기도 하고, 약간 수위 조절을 해가면서 해도 됩니다. 그 에피소드를 찾아냈다면 그 안에서 혼자 고군분투하고 있는 과거의 자기 자신을 안아주면서 따뜻한 말을 걸어줘야 합니다.

"너 정말 힘들게 살았구나. 이제 괜찮아. 나는 너를 이해해. 다 이해해."

이렇게 과거의 나에게 공감의 언어를 건네는 것이 첫 번째 미션입니다. 그리고 이 작업과 동시에 해야 할 일이 있습니다. 바로 회피하던 습관을 조금씩 버리는 거예요. 의도적으로 일부러라도 부딪혀보는 거죠. 지금까지 피했던 상황에 이제부터는 불편함을 감수하고 맞닥뜨려보는 겁니다. '어차피 피해도 불편한 거라면 부딪혀서 불편한 게 무슨 문제겠어'라는 생각이 필요합니다. 예를 들어 소영 씨의 경우 회사에 너무너무 가기 싫지만 그냥 출근을 해보는 거죠. '어떻게 하면 팀장님한테 지적질을 당하지 않고 일을 해낼까?'에 초점을 맞추지 마세요. 그런 것에 신경이 곤두서 있으면 오히려 부담감만 커지고 또 그런 부담이 팀장님에게도 고스란히 전달됩니다. 팀장님의 의중을 살피는 일에 신경 쓸 게 아니라 내 업무에 집중하는 겁니다. 중심이 나에게 있으면 팀장님의 지적은 오히려 감사한 거라는 생각이 들 수도 있는 겁니다. 어제 팀장님에게 지적을 당했을지라도 아무렇지도 않게 그냥 출근하세요. 어제의 실수를 만회하려고 애쓰지 말고 그냥 평소대로 내 일에 집중하는 겁니다. 어제 우려했던 것만큼 큰일이 벌어지지도 않고 아무렇지도 않다는 걸 경험해야 해요. 그렇게 되면 어제 내가 했던 고민이 조금씩 사그라드는 것을 스스로도 체감할 수 있을 거예요. 이렇게 부딪혀봐도 생각보다 아무렇지도 않다는 것. 그것을 경험해봐야 합니다. 그 경험이 하나둘 쌓이면 점점 더 회피하던 성향에서 벗어나는 자기 자신을 발견할 수 있을 거예요.

나를 위한 심리학 케이크 9

힘들었던 어린 시절의 나에게 말 걸기

"○○야(아), 너 정말 힘들게 살았구나. 이제 괜찮아.
나는 너를 이해해. 다 이해해."

상처받을까 봐
연애를 피하는 사람

◦ 누가 봐도 괜찮은데 '모솔'에서 벗어나지 못하는 여자

20대 중반 희선 씨는 아직 한 번도 누군가를 사귀어본 경험이 없습니다. 호감 가는 외모로 어떤 모임에 가든 사람들의 관심을 받았지만 자신에게 누군가 호감을 표현하면 피하는 데만 급급했습니다. 그렇다고 분명히 거절 의사를 밝히지도 못했습니다. 괜히 그랬다가 상대방이 상처받을까 봐 무서웠기 때문입니다. 그러다 보니 그냥 어색하게 거리를 두고 피하는 것이 전부였습니다.

주변 사람들은 그런 희선 씨에게 '눈이 너무 높으니까 연애를 못하는 거 아니냐'고 놀렸지만 그녀의 속마음은 그렇지가 않았습니다. 사실 희선 씨에게 호감을 표현했던 남자들은 평판도 좋고 누가 봐도 괜찮은 사람들이었습니다. 그녀가 평소에 마음에 담아두었던 사람에게 대시를 받기도 했습니다. 그런데 그때마다 그녀는 갈피를 잡지 못했습니다. 분명 속으로는 기분이 좋았지만, 그런 속마음과는 달리 행동은 정반대로 나왔기 때문이에요. 먼저 호감이 있었으면서도 막상 그런 상대가 자신에게 호감을 표현하면 이상하게 마음이 얼어붙어버렸어요. 희선 씨는 자신이 도대체 왜 이러는지 이해할 수가 없습니다. 왜 몸과 마음이 따로 노는지, 그냥 연애 공포증인지 아니면 어떤 다른 이유가 있는 건지 그녀는 정말 답답합니다.

○ 사랑받는 것에 익숙지 않은 사람들, 그들의 속마음

이성 친구를 사귀고 싶으면서도 상처받을까 봐 두려워서 미리 관계를 피하거나 차단하는 분들의 마음속에는 이런 생각이 들어 있습니다.

'나는 이러이러한 단점이 있어. 이런 나를 누가 좋아할까?'

'누군가 나를 거절한다면 내가 이상한 사람인 게 틀림없어.'

'나 같은 애는 절대 성공 같은 건 못할 거야.'

'사람들이 나를 쓸모없다고 생각하면 그건 분명한 사실이야.'

'나를 좋아하는 그 사람이 나를 제대로 알고 나면 분명 싫어하게 될 거야.'

'인생은 원래 우울한 거야.'

'어차피 실패할 건데 내가 왜 애를 써야 돼?'

'인지 왜곡'이라 할 수 있는 이런 생각들이 왜 이들의 마음속에 똬리를 틀고 있을까요? 실제 마음은 그게 아닌데도 인지 왜곡이 일어나면 마음과는 정반대의 행동을 하게 됩니다. 이것은 비단 연애뿐 아니라 삶의 모든 부분에 부정적인 영향을 끼칩니다. 이제 가장 대표적인 인지 왜곡 몇 가지를 되짚어보겠습니다.

'사람들이 나를 쓸모없다고 생각하면, 그건 분명한 사실이야.'

실적으로 평가받는 직장인들은 일이 잘 풀리지 않을 때 회사 측으로부터 다음과 같은 뉘앙스의 압력을 받습니다.

"월급 받는 거 미안하지도 않냐?"
"자기 밥값도 못하면서 권리만 주장하면 되겠어?"

직접적으로든 간접적으로든 이런 메시지를 상사나 회사 측으로부터 받게 되면 자존감이 있는 사람들은 그런 상사와 회사를 상대로 저항하거나 반항심을 품게 됩니다. 그런데 자존감이 약하고 회피만 했던 사람들은 상대가 한 말을 내면화하면서 오히려 자기 자신에게 화살을 돌립니다.

"맞아. 이런 일도 제대로 해내지 못하다니 나는 정말 쓸모없는 사람이야."
"월급 값도 못 하는 나는 정말 아무 짝에도 쓸모가 없어."

이런 말을 스스로에게 되뇌다 보면 어떻게 될까요? 원래 잘하던 일도 잘하지 못하게 되고, 조그마한 실수에도 신경이 곤두서기 때문에 실력이 늘지가 않습니다. 그 상사의 말대로 진짜 일 못하는 무능력한 사람이 되어버리는 거죠. 그야말로 말이 주술의 효과를 발휘하는 겁니다.

'나를 좋아하는 그 사람이 나를 제대로 알고 나면 분명 싫어하게 될 거야.'

그런데 진짜 더 악순환인 건 이들이 칭찬을 들었을 때예요. 칭찬을 듣거나 누군가에게 사랑받거나 좋아한다는 말을 들었을 때, 이들은 그 말을 있는 그대로 받아들이지 못합니다. 한 마디로 익숙지 않기 때문이에요. 고기도 먹어본 사람이 맛을 아는 것처럼 사랑과 존중도 받아본 사람이 그 맛을 아는 거죠. 제대로 된 사랑과 관심, 존중을 받아보지 못한 사람은 막상 누군가 그것을 자신에게 표현했을 때 어떻게 수용해야 하는 건지 그 방법을 잘 알지 못합니다. 하다못해 누군가에게 선물을 받는 것도 자연스럽지가 못합니다. 누군가 나를 비난할 때 자기 자신을 지키는 것도 기

술이고, 누군가 나를 사랑할 때 그 사랑을 잘 받아주는 것
도 기술인데 이 기술을 발전시킬 기회가 그 사람한테는 별
로 없었기 때문이에요.

그래서 이들은 그 사람이 나를 좋아하고 사랑한다는 사
실에 집중하지 못합니다. 오히려 그 사람이 나란 사람을 더
알게 되면 싫어하게 되고 내 곁을 떠나게 될 거라는 데에만
신경을 곤두세웁니다. 이런 생각이 마음속에 가득하면 어
떻게 될까요? 말과 행동, 눈빛이 부자연스러워집니다. 그
리고 그러다 보면 관계는 어색해지게 마련이죠. 또 그런 어
색한 분위기 때문에 상대가 자신에게서 멀어지면 자기 생
각이 맞았다고 되뇌죠. 이를 심리학 용어로 확증편향이라
고도 합니다.

"거 봐. 내 말이 맞잖아. 다 똑같아. 다들 나를 싫어한다니까."

그렇게 되면 어떻게 될까요? 또 다른 사람이 다가왔을
때는 철저하게 자기 자신을 감춰야 한다는 생각이 강해집
니다. 있는 그대로의 내 모습을 보여주면 상대가 또 나를
떠날지도 모르니까요. 회피 성향이 더욱 굳어지는 거죠.

'인생은 원래 우울한 거야.'

누구나 기본적으로 갖고 있는 정서, 에너지가 있습니다. 회피 성향을 갖고 있는 사람들의 기본 정서는 '쓸쓸', '우울'입니다. 심지어는 진짜 기뻐하고 즐거워해도 충분히 괜찮은 상황에서도 이들은 그 속에서 '우울함'을 발견하고 미리 걱정합니다. 이것 역시 행복에 익숙지 않기 때문이에요. 마약에만 중독되는 것이 아닙니다. 우울한 감정, 분노의 감정, 억울한 감정 같은 것들도 습관처럼 중독되면 정말 기쁘고 환하게 웃어야 할 때조차 그 감정을 오롯이 느끼지 못하는 상태가 되고 맙니다. 우울이라는 감정에 압도되어 인지 왜곡이 강화, 고착되었기 때문이에요. 이렇게 되면 인생의 희로애락을 느낄 수 있는 모든 상황에서 우울을 발견할 수 있기 때문에 감정의 동요가 일어날 수 있는 모든 가능성을 최대한 피하고 싶어집니다. 이 역시나 회피 성향이 굳어지게 만듭니다.

'어차피 실패할 건데, 내가 왜 애를 써야 돼?'

나는 늘 관계에서 실패했고, 애써도 어차피 실패할 거라고 믿는 것. 이것은 대표적인 인지 왜곡 중 하나입니다. 그런데 한번 생각해보세요. 한 사람의 인생에 과연 실패한 관계만 존재할까요? 면밀히 따져보면 전혀 그렇지가 않습니다. 사실은 그렇지 않은데 자신의 기억을 왜곡해서 부정적인 기억만을 진실처럼 믿고 있는 것. 이것이 바로 부정적인 인지 왜곡의 실체입니다. 이것의 장점이 있습니다. 이것을 갖고 있으면 어떤 상황에서든 회피해도 되는 명분이 생깁니다. 또 더 이상 도전하지 않아도 됩니다. 도전했다가 실패했을 경우에 느끼게 될 패배의 쓴맛을 원천 봉쇄할 수 있으니까요. 회피 성향을 갖고 있는 사람은 이 인지 왜곡이 너무나 편리하기 때문에 쉽게 여기에 빠질 위험이 있습니다.

○ 내 마음에 쌓인 퇴적층, 인지 왜곡

그렇다면 어떻게 해야 할까요? "여러분 마음속에 이런 인지 왜곡이 들어 있으면 회피 성향만 더욱 굳어질 뿐이니 앞으로는 부정적으로 생각하지 말고 긍정적으로 생각해보세요"라고 말하면 될까요? 저도 이렇게 조언해서 바로 해결이 되면 참 좋겠습니다. 하지만 잘 아시다시피 사람의 생각은 쉽게 바뀌지 않죠. 심지어는 스스로 자신에게 인지 왜곡이 있다는 걸 알면서도 바꾸기가 쉽지 않습니다. 지금까지 설명드린 부정적인 인지 왜곡은 오랜 세월 동안 그 사람의 삶을 통해서 무수히 반복되어서 마음속에 축적된 일종의 '퇴적층'과 같은 것이기 때문이에요. 그 퇴적층의 형태를 바꾸기 위해서는 지금까지 있었던 것만큼의 또 다른 비바람, 풍화작용이 필요하죠. 그러므로 한꺼번에 이것을 없애려고 하면 오히려 실망합니다. 우선 내 마음속에 그 퇴적층이 존재한다는 사실을 인지할 필요가 있어요. 그리고 그 형태를 내 눈으로 직접 확인하고 손으로 만져보는 게 좋아요. 다양한 감정을 끄집어내서 실체를 확인할 필요가 있다는 거죠. 예를 들어 상사에게 혼났을 때는 '이런 일도 제대로 해내지 못하다니 나는 정말 쓸모없는 사람이야'라는 부정적 인지 왜곡을 아예 없애려고 노력하는 대신에 그와 동시에 올라오는 나의 감정을 표현해보는 거죠. 모멸감, 수치심, 자괴감, 복수심 등등 여러 가지가 있을 수 있습니다. 똑같은 부정적 인지 왜곡일지라도 사람마다 조금씩 다를 수 있으므로 자기의 감정을 풍부하게 느끼려고 노력해봐야 합니다.

누군가 나를 좋아한다고 표현할 때도 마찬가지예요. '저 사람이 왜 나를 좋아하지. 어차피 내가 어떤 사람인지 알게 되면 싫어하고 떠날 거면서'라는 생각이 든다 해도 그 생각 외에 다른 감정이 있는지를 찾아보는 거예요. 선망, 기대, 불안, 초조, 수치심, 죄책감 등등 여러 가지 다른 감정도 그 속에 들어 있습니다. 이렇게 자신의 감정을 찬찬히 들여다보는 연습을 많이 해봐야 돼요. 그걸 반복해서 하다 보면 자학이 아니라 스스로를 진짜 이해하게 됩니다.

'○○야(아), 거절당했던 기억 때문에 힘들었구나.'

'사랑을 제대로 받아본 적이 없다 보니 사랑받는 것에 서툴러서 그런 거구나.'

'솔직한 모습을 보였다가 더 힘들었던 기억이 내 발목을 잡고 있구나.'

'그 사람을 좋아하면서도 나중에 거절당할까 봐 정반대로 행동했구나.'

이렇게 수치심과 부끄러움, 불안, 두려움 등등의 부정적인 자기감정을 날것 그대로 바라보면서 스스로를 이해해 줘야 돼요. 이런 감정들이 있는데도 아무렇지도 않은 척하면 그게 바로 병이 되는 겁니다. 왜 힘들었는지 이해해주고 어떤 감정들을 느끼고 있는지 충분히 헤아려보는 것. 이 과정을 충분히 반복하다 보면 인지 왜곡은 한번에 사라지지는 않을지라도, 최소한 조금씩 조금씩 옅어질 수 있을 거예요.

나를 위한 심리학 케이크 10

왜 속마음과 정반대로 행동하는지
자기 자신을 이해해보기

'○○야(아), 거절당했던 기억 때문에 힘들었구나.'
'사랑을 제대로 받아본 적이 없다 보니 사랑받는 것에
서툴러서 그런 거구나.'

계속 '집콕 생활'만 해도
괜찮을까요?

○ 퇴사 후 집콕생활만 하게 된 그녀

20대 후반인 은희 씨는 회사를 그만두고 '집콕 생활'을 한
지 3개월이 넘었습니다. 사실 그녀가 다니던 회사는 근무
조건이나 복지도 나쁘지 않았고 객관적으로 봐도 괜찮은
곳이었습니다. 하지만 사람들과 어울리는 것이 너무 스트
레스였습니다. 입사 동기들은 각자 친한 사람들을 만들어
퇴근 후에나 주말에도 어울리는 것 같았는데, 은희 씨는 아
무 데도 낄 수가 없었습니다. '그냥 일만 잘하면 되지 뭐!'

라고 스스로를 달래봤지만, 속으로는 누가 누구랑 친하게 지내는지 무척이나 신경 쓰고 있었습니다. 그러면서도 그들 사이에 별로 끼고 싶지 않았습니다. 어차피 아무도 자신에게는 먼저 말을 걸어주지도 않았습니다. 괜히 자기 혼자 안달 나서 이 무리, 저 무리에 끼고 싶어서 매달리는 것 같아서 기분이 별로였습니다. 그 때문에 점심시간 자체가 스트레스였습니다. 그녀는 이런 일로 스트레스 받고 싶지 않아서 어느 날부터인가 미리 준비한 샐러드를 먹으면서 점심을 가볍게 때웠습니다. 하루 종일 말도 몇 마디 안 하게 되었죠. 겉으로는 그냥 아무렇지도 않은 척했지만 은희 씨는 회사 생활이 외로웠고 일도 별 재미가 없었습니다. 그런데 그때 때마침 코로나19(이후에는 코로나로 통일) 사태가 터졌고 은희 씨는 재택근무를 하게 되었습니다.

그러고 나니 너무 편했습니다. 식재료들은 주문하면 다음 날 새벽에 배송이 됐고, 가끔 외식하고 싶을 때는 배달 음식을 시켜 먹으면 되었으니까요. 사람을 만나야 할 기회가 생겨도 코로나 핑계를 대면 되니까 정말 편했습니다. SNS를 통해 다른 친구들을 살펴봐도 모두들 코로나 때문에 모임이나 미팅을 미루고 있었기에 자신만 이상하게 느껴지지도 않았습니다. 그냥 본인의 체질에는 집콕 생활이 맞는 것 같다는 생각도 들었습니다. 관계에 신경 쓰지 않아도 되니 일에 집중할 수 있게 되었고, 그러니까 일도 더 잘되는 거 같았습니다. 하지만 코로나 사태가 상대적으로 완화되자 다시 출근을 해야 했고 또다시 스트레스를 받기 시작했습니다. 재택근무를 하면서 너무 편했기 때문에 오히려 그전보다 더 스트레스가 심해지는 느낌을 받았습니다. 스트레스를 견디지 못한 그녀는 결국 회사를 그만두었습니다. 퇴사 직후엔 '한 발자국도 밖에 나가지 않고 집에만 있어봐야지!'라는 마음으로 '집콕 모드'의 삶을 즐겼습니다. 그런데 시간이 지날수록 그냥 밖에 외출할 때도 이런 압박감이 들었습니다.

'혹시라도 회사 사람들이랑 마주치면 어쩌지?'

'내 모습을 보고 어떻게 생각할까?'

'내가 먼저 아는 척을 해야 할까 아니면 그냥 모르는 척해야 할까?'

'어떻게 지내냐고 물어보면 뭐라고 해야 하지?'

이렇게 밖에 나가는 것만으로도 마음이 불안해지자 그

녀는 점점 집콕 생활에만 익숙해졌습니다. 그렇게 3개월이라는 시간이 지나간 거죠. 편하다고 생각하면서도 마음 한편으로는 슬슬 걱정이 되기도 했습니다. 그러면서 이런 생각을 하기 시작했습니다.

'앞으로 다른 회사에 취업도 해야 하는데 또다시 힘들어지면 어떡하지?'
'나는 왜 이렇게 사람을 싫어할까?'
'사람을 만나지 않는 직업을 찾아볼까?'

○ 혼자 생활에 익숙해지면 위험한 것들

이 사연에서 은희 씨가 착각하는 게 있습니다. 은희 씨는 과연 사람을 싫어할까요? 인간관계를 싫어할까요? 정말 사람이 싫고 인간관계를 맺기 싫다면 오히려 아무렇지도 않게 계속 회사를 다닐 수 있습니다. 은희 씨는 신경 쓰지 않는 척하면서도 누가 누구랑 친한지 꿰뚫어보고 있고 자신에게 먼저 다가오지 않는 사람들 때문에 속상해합니다.

집콕 생활을 하면서도 밖에 나가 회사 사람들을 만나면 어떻게 대응해야 할지를 걱정합니다. 이것은 인간관계를 간절히 원하고 관심받기를 원하지만 일이 뜻대로 풀리지 않자 '회피'를 택하는 사람의 전형적인 패턴입니다. 사람들과 관계를 맺고 싶지만, 그 관계에서 파생되는 고통이 두려워 숨어버리는 것입니다. 그런데 이 행동이 별거 아닌 것처럼 보일 수도 있지만 사실은 굉장히 위험할 수 있어요. 물론 처음에는 편할 수 있습니다. 관계에 신경 쓰지 않아도 되니까 심리적 고통이 없어졌다고 느끼는 거죠. 그런데 그렇게 혼자 있는 상태가 아주 오래되면 어떻게 될까요? 운동을 오랫동안 하지 않으면 근육이 줄어들듯 사람을 만나지 않으면 관계력 역시 점점 퇴화합니다. 사회성이 떨어지는 거죠.

새로운 관계를 만들지 않더라도 기존에 괜찮았던 관계만 잘 유지해도 다행이지만, 혼자 있는 시간이 길어지면 그 관계마저 점점 소원해지거나 끊겨버립니다. 과거에는 편하게 만났던 친구조차도 너무 오랜만에 만나면 불편해지는 거죠. 할 말도 없어지고 불편해지니까 또 안 만나게 되는 겁니다.

'그 친구는 나를 어떻게 볼까?'

'이렇게 살고 있는 내가 싫어진 건 아닐까?'

'내 카톡을 읽었으면서 답변이 없는 걸 보니 나를 피하는 게 분명해.'

이렇게 편하다고 생각했던 친구한테조차 두려움이 생깁니다. 그렇게 되면 인간관계가 필수 조건인 직장 생활은 더 어려워집니다. 고객 응대를 하지 않는 직업이라 해도 마찬가지죠. 나에게 일을 주는 고용주와의 관계, 내 일을 관리하는 상사와의 관계, 일을 함께 나눠서 해야 하는 동료와의 관계 등등의 관계에서 어떻게 처신해야 할지 판단 능력이 더 퇴화하기 때문이죠. 그와 더불어 정보력에서도 업데이트가 늦어지는 것은 당연지사입니다.

가족관계 역시 인간관계다

이렇게 사람을 잘 만나지 않아 관계력, 커뮤니케이션 능력이 퇴화되다 보면 믿을 건 가족밖에 없다는 생각이 들어 원가족에게 의지하는 비율이 늘어날 수 있습니다. 하지만 가족관계라고 해서 무조건 받아주고 품어주나요? 사실은 전혀 그렇지가 않죠. 가족관계 역시 인간관계와 기본은 똑같습니다. 오히려 편하기 때문에 쉽게 비판받을 위험이 높습니다.

> "너는 뭐가 그렇게 힘들다고 집에서 맨날 누워만 있어?"
>
> "허구한 날 다 큰 애가 저렇게 누워서, 진짜 뭐가 되려고 저러는지 원!"

부모님에게 이런 식의 말들을 듣기 십상입니다. 그러면 또 그 말에 상처를 받게 되고 굉장히 힘들어집니다. 한없이 우울해지고, 자괴감도 느껴지고, 부모님에게 화도 납니다. 그러다 보면 가족관계도 좋을 수가 없어요. 이와 반대로 모든 것을 포용해주는 부모가 있다 해도 좋지 않습니다. 사회적 관계가 필요 없을 정도로 과잉보호를 받게 되면 정말로 사회로부터 점점 더 멀어지게 되거든요. 굳이 사회에 나가 애쓰지 않아도 부모가 다 해주니까요.

○ 내 안의 또 다른 목소리에 귀 기울이기

그렇다면 어떻게 해야 할까요? 어떻게 해야 회피하는 습관에서 벗어날 수 있을까요? 이 역시 자기 자신에게 질문을 던져봐야 합니다. 오랫동안 혼자 집콕 생활을 해도 정말 아무렇지도 않은지 스스로에게 솔직하게 물어봐야 해요. 회피하는 것이 오랜 습관이어서 아예 인생의 행동 패턴이 되어버린 사람은 이것 자체를 자각하지 못할 수도 있습니다.

'나는 진짜 집이 편해서 혼자 있는 거뿐이야.'

'나는 진짜 솔로가 좋아.'

'혼자 있는 게 진짜 좋으니까 연애 안 하는 거뿐이야.'

이렇게 솔직한 자기 마음을 부정하고 현재 상황에 대한 합리화라는 무기를 두르고 있는 거죠. 애써 자신의 상황을 필요 이상으로 미화하고 있다면 그것은 나의 무의식이 정반대의 이야기를 내보내는 신호일 수 있습니다.

'혼자 있는 걸 싫어하는 건 아니지만 그래도 나도 누군가와 소통하

고 싶어.'

'소통하고 싶은데, 또 사람 때문에 고통받는 게 너무 싫으니까 집에

있는 거야.'

'사실은 나도 누군가한테 인정받고 싶어.'

'나도 사랑받고 싶다고.'

이렇게 진짜 껍질 속에 들어 있는 자기 속마음을 들여다

보기 위해 스스로에게 질문해보세요. 그리고 이것이 잘 안

된다면 용기를 내어 남에게 물어봐도 좋습니다. 그래도 나

를 어느 정도 알고 있는 가족, 친구에게 솔직하게 대답해달

라고 물어보는 것도 좋습니다. 진지하고 차분한 자세로 물

어본다면 그 사람 역시 진지하고 차분하게 대답해줄 거예

요. '회피'는 결과이고 표면적인 현상이지 근본적인 성향이

나 원인이 아니에요. 당신이 이런 성향을 갖고 있다면 자기

자신만 그걸 모를 뿐이지, 주변 사람들은 다 알고 있는 경

우가 많습니다. 그래서 세상에서 가장 힘든 것이 '자기 자

신을 아는 일'입니다. 그리스 델포이의 아테네 신전에도 적

혀 있는 글귀죠. '너 자신을 알라.' 이것은 그만큼 자기 자신

을 알기가 힘들다는 방증입니다. 그러므로 자기 자신을 알

기 위해 노력하는 것은 전혀 부끄러운 일이 아닙니다. 막상 자신의 솔직한 마음을 느끼게 되면 스스로가 안쓰러워집니다. 마냥 위로해주고 안아주고 싶어져요.

'ㅇㅇ야(아), 얼마나 힘들었으면 그렇게 오랫동안 사람들을 피하면서 살았니.'

'누구한테 말도 못하고 혼자 끙끙 앓으면서 너무 고생했지.'

'사실 나도 사람들한테 인정받고 싶었구나. 그게 잘 안 되니까 속상했던 거야.'

이렇게 자신에게 위로하는 말이 절로 나옵니다. 그리고 자신의 마음을 진짜 이해하게 되면 타인의 욕망과 허물, 실수에도 훨씬 더 너그러워집니다. 억지로 마음을 열어보려고 노력할 때는 잘 되지 않았지만, 진짜 스스로를 이해하게 되면 마음이 저절로 스르륵 녹아내립니다. 단 한 번이라도 그 경험을 꼭 하셨으면 좋겠어요.

나를 위한 심리학 케이크 11

나를 다그치기 전에
왜 힘들었는지 이해해주기

'○○야(아), 얼마나 힘들었으면 그렇게 오랫동안
사람들을 피하면서 살았니.'
'사실 나도 사람들한테 인정받고 싶었구나.
그게 잘 안 되니까 속상했던 거야.'

드라마에만 빠져 있어도
괜찮나요?

○ 외롭고 쓸쓸한 그녀의 친구, 고양이와 드라마

30대 중반 은영 씨는 고양이 다섯 마리 집사입니다. 우연한 기회에 길고양이들 밥을 챙겨주다가 특히 정든 한 고양이를 입양하게 된 것을 시작으로, 한 마리씩 늘어나 결국 다섯 마리 집사가 되었죠. 혼자 살며 다섯 마리를 케어하다 보니 하루에 소모되는 시간도 많고 들어가는 비용도 만만치 않습니다. 하지만 고양이가 주는 귀여움, 엉뚱함, 무엇보다도 은영 씨에게 주는 순수한 사랑은 그 모든 것을 감수하고도 남을 만큼 소중합니다. 오랫동안 우울증을 앓았는데 고양이를 키우면서부터 점점 상태가 좋아져서 더욱더 애착이 갑니다. 은영 씨는 집사로 사는 것이 참 행복합니다. 하지만 부모님은 은영 씨의 마음을 너무 몰라줍니다. 가끔 부모님 집에 갈 때마다 만나는 사람은 있냐고 물어보고, 고양이에 대해서는 관심조차 없습니다. 오히려 고양이 때문에 연애도 못하는 거 아니냐는 뉘앙스를 풍길 때마다 화가 치밀어 오릅니다. 한번은 그런 일로 심하게 다투고 몇 달 동안이나 연락을 끊은 적도 있습니다. 고양이 덕분에 알바도 더 열심히 하게 되었는데 그런 것은 안중에도 없는 부모님 때문에 섭섭할 때가 많습니다.

물론 은영 씨도 마음이 공허할 때가 없는 것은 아닙니다. 이기적이고 계산적인 인간관계에 너무 지쳐서 회사를 그만둔 이후 연락하는 친구가 거의 없고, 이것저것 알바로만 생계를 이어나가다 보니 사람을 만나서 이야기할 기회가 별로 없기 때문입니다. 원래도 그랬지만 코로나 이후에는 정말로 대화를 나눌 사람이 단 한 명도 남아 있지 않았습니다. 고양이들이 그녀의 곁을 지켜주는데도 종종 인생이 참 외롭고 쓸쓸하다는 생각을 하곤 합니다. 그런 그녀의 외로움을 달래주는 또 하나의 취미는 바로 드라마 정주행입니다. 드라마를 보다 보면 시간 가는 줄 모르고 몰입할 수 있어서 참 좋습니다. 또 주인공이 역경을 헤쳐나가면서 문제를 해결하는 걸 지켜보면 자신도 모르게 기분이 좋아지고 힘이 절로 생기는 것만 같습니다. 고양이와 드라마. 외롭고 쓸쓸한 그녀의 삶에서 이 두 가지는 없어서는 안 될 소중한 친구가 된 것입니다.

○ 인간관계, 간접 체험만으로 괜찮을까?

인간관계를 간절히 원하지만, 사람을 직접 만나 관계를 나눌 기회가 없는 사람들. 혹은 관계에서 받았던 상처 때문에 누군가와 관계 맺는 거 자체를 포기한 사람들. 이들이 쉽게 선택할 수 있는 다음 카드가 뭘까요? 바로 TV 예능이나 드라마, 영화, 소설 등입니다. 타인과의 유대감을 간접적으로라도 체험하고 싶기 때문이죠. 이런 문화 상품들에는 공통점이 있는데 그것은 바로 인간관계에서 일어나는 다양한 에피소드, 다양한 감정들을 삼인칭 관찰자 시점에서 편하게 즐길 수 있다는 것입니다.

이것을 즐길 때는 실제 관계에서처럼 거절당할까 봐 두려워하지 않아도 되고 실패했을 경우 마음이 다치지 않아도 되기 때문에 몰입하면서 만족을 누릴 수 있습니다. 리스크 없이 누군가와 소통하면서 친밀감이나 소속감을 나누는 경험을 할 수 있으니 이보다 더 좋은 것은 없죠. 비단 문화 상품뿐 아니라 SNS 채널이나 유튜브 등도 다 마찬가지입니다. 간접적으로 경험하는 사회생활, 인간관계라는 측면에서 말이죠. 더군다나 IT 기술이 발전한 현재 우리는 이 간접적인 인간관계를 내 손 안의 스마트폰 하나로 하루 종일 누리고 있습니다. 물론 영화나 드라마에 몰입한다는 것이 나쁜 것은 아닙니다. 그것은 그 사람의 취향이자 스타일을 나타내기도 하니까요. 문제는 현실에서 체험할 수 있는 관계는 회피한 채 이것에만 몰두하는 것이죠.

은영 씨처럼 만나는 사람이 단 한 명도 없는 상태에서 드라마나 영화 속의 인간관계만 간접 체험하면 행복할까요? 이런 삶을 누리면서 그냥 계속 행복하기만 하면 참 좋겠는데 그렇지가 않다는 것이 문제입니다. 인생을 더 살다 보면 내가 회피하고 외면했던 심리적 갈등을 마주해야 하는 순간이 필연적으로 오기 때문이에요. 알바를 하더라도 그 장소에서 나에게 일을 주는 사람이 있고 함께 일을 해야 하는 동료가 있습니다. 이들 사이에서 크고 작은 문제들은 또 발생할 수 있습니다. 이것을 마냥 뒤로 미뤄두고만 살면 어느 순간 그것들이 점점 커져서 정작 일이 아닌 인간관계 때문에 일을 못하게 되는 상황이 벌어질 수 있습니다.

또 한 가지, 영상 속의 인물들은 나의 행동에 반응하지 않습니다. 액션과 리액션, 눈빛, 말투, 몸짓 등등의 메타 메시지를 주고받으면서 인간의 커뮤니케이션 능력은 발달합니다. 하지만 영상 속의 인물들과 나 사이의 교감에는 이것이 빠져 있습니다. 이것이 바로 간접 체험의 한계입니다.

○ 드라마 속 인간관계는
   내 삶의 인간관계와 얼마나 닮았나?

인간관계를 드라마를 통해서만 체험하면 또 어떤 일이 일어날까요? 드라마에 나오는 인간관계와 실제 내 삶에서 벌어지는 인간관계는 큰 차이가 있습니다. 그 점을 알면서도 실제 인간관계에서 내가 쌓은 경험치가 없다 보면 불필요하게 기대하고 불필요하게 실망하는 일을 겪을 수 있다는 것이 또 다른 문제입니다.

드라마 속 주인공은 가만있어도 누군가에게 사랑받고 많은 사람들의 관심을 독차지합니다. 주인공의 친구도 언제나 옆에서 그의 연애사에 귀 기울이며 조언을 마다하지 않습니다. 세상이 주인공을 중심으로 돌아가는 거죠. 하지만 현실에서는 어떤가요? 전혀 그렇지 않죠. 모두가 각자의 삶을 사느라 바쁩니다. 최근에 이 현상은 더 심각해졌는데 각자도생의 분위기에서 남의 감정 하나에 민감하게 반응하며 관심을 보이는 사람은 드뭅니다. 내가 가만있는데 누군가 알아서 나에게 다가와 도와주거나 나의 재능을 알아봐주는 사람이 하늘에서 뚝 떨어지는 일은 절대 없습니다. 보잘것없는 스펙에 외모도 평범한 여자 주인공에게 어느 날 갑자기 왕자님이 나타나서 구애를 할 확률이 얼마나 될까요? 절체절명의 순간, 누군가 해결사가 나타나 나를 구해줄 확률은 또 얼마나 될까요? 하지만 드라마에서는 이런 일들이 비일비재하게 일어나죠.

일부러 애쓰지 않아도 사람들의 관심을 한몸에 받는 주

인공. 가장 눈에 띄는 핵인싸. 외향적이고 관계 중심적이고 화려한 주인공. 그리고 그 주인공이 힘들고 위험에 처할 때마다 도와주는 조력자들. 현실의 나와 드라마 속 주인공 사이에는 이처럼 크레바스와 같은 깊은 골짜기가 있습니다. 그 차이가 있다는 것을 알면서도 은근히 내 주변 인물들이 나를 이해해주고 도와주고 함께해줄 거라 기대했다가 크게 실망하면 어떻게 될까요? 오히려 더 절망에 빠져서 회피하는 악순환에 빠지게 됩니다.

동물과의 관계에만 너무 지나치게 몰입하는 것도 사실 마찬가지입니다. 물론 반려동물과 함께하거나 길고양이 밥을 챙겨주는 것 자체는 문제가 아닙니다. 문제는 자기도 모르는 사이에 사회적 관계를 점점 멀리하면서 그것에만 매달리는 것입니다. 그것이 반려동물이든 알코올이든 게임이든 맥락은 같습니다. 그것이 심한 경우 애니멀 호더나 알코올 중독, 게임 중독 등등으로 이어지는 거죠. 학업이나 직업 활동 등등의 사회 활동, 사람을 만나 교류하는 활동 자체를 거부한 채 뭔가에만 몰두하는 것 자체가 위험한 징조라는 말입니다.

그렇다면 어떻게 해야 할까요? 드라마와 고양이를 좋아하는데, 정도가 지나쳐서 일상생활이 마비될 정도가 되어버렸다면 그런 자신에게 벌을 내려야 할까요? 제 말은 그런 자기 자신을 한심하게 여기라는 것이 절대 아닙니다. 정말 그런 상황에 처했다면 우선 자신의 감정에 집중해야 합니다.

"나는 왜 이렇게 하루 종일 드라마만 보고 있을까?"

"저 드라마의 어떤 점에 매료되었을까?"

"나는 어떤 점 때문에 고양이에게 이렇게 끌릴까?"

바로 이렇게 자기 자신에게 물어봐야 합니다. 그러다 보면 어떤 형태로든 자기 안에 답이 있습니다.

"저 드라마에서는 절친이 주인공의 이야기를 시시콜콜하게 다 들어주잖아. 나는 그게 부러웠나 봐. 나한테도 저런 친구가 있으면 좋겠어."

"나는 버림받은 길냥이를 보면 꼭 내 모습을 보는 것 같아서 내가 도와줘야 할 것 같은 느낌을 받았나 봐."

"사람한테는 못 느꼈는데 고양이는 내 이야기를 다 들어주고 나를

이해해주는 것 같아. 나는 그 느낌이 너무 좋았나 봐."

　이런 식으로 내 마음속 진심을 찾아가는 연습을 해야 합니다. 그 과정에서 나 스스로를 먼저 이해해줘야 돼요. 사람과의 관계에서 행복보다는 불행을, 안정감보다는 두려움을 느꼈기에 사람을 피할 수밖에 없었고, 그러다 보니 나에게 행복을 주는 대체제를 찾을 수밖에 없었다고 스스로가 납득할 수 있게 말해줘야 돼요. 드라마와 고양이를 좋아하는 것 자체는 죄가 아닙니다. 그리고 가장 중요한 것은 그럼에도 불구하고 이 책을 읽고 있는 당신은 그 누구보다도 사람과의 소통, 교감을 간절히 원한다는 겁니다. 드라마와 고양이를 통해서 내가 진짜 얻고 싶었던 게 뭔지 그것을 확실히 알게 되는 것. 오랫동안 힘들었더라도 이것을 알게 되면, 조금씩 조금씩 해결해나갈 힘이 생길 거예요. 잊고 있었던 나의 감정을 절대 놓치지 마세요.

나를 위한 심리학 케이크 12

**왜 이렇게 드라마를 좋아하는지
나에게 묻고 답해보기**

"저 드라마에서는 절친이 주인공의 이야기를
시시콜콜하게 다 들어주잖아. 나는 그게 부러웠나 봐.
나한테도 저런 친구가 있으면 좋겠어."

인간관계는
사실 자기 자신과의 관계다

○ '열일'하던 그녀는 왜 무기력증에 빠졌을까?

30대 초반 지은 씨는 몇 달째 무기력한 기분, 공허함에서
벗어날 수가 없었습니다. 일에 대한 의욕이 생기지 않고 만
사가 귀찮고 다 부질없다는 생각마저 들었습니다. 회사에
나가는 게 싫다 보니 아침에 눈뜰 때부터 힘들고 피곤하기
만 했습니다.

　'한 회사를 5년이나 다녀서 그런가…' 하는 생각에 새로
운 직장을 찾아볼까 고민도 해봤지만, 별로 자신이 없었습

니다.

자신의 스펙으로는 지금보다 더 나은 조건의 직장을 구하기 힘들 것 같았습니다. '내 주제에 이 정도면 감지덕지 불만을 가지다니! 감사한 마음으로 열심히 다니자'라고 마음을 추슬러봤습니다. 하지만 별로 효과가 없었습니다. 여전히 예전 같지 않게 일에 대한 의욕도 떨어지고 별거 아닌 일에도 예민해지고 몸 여기저기가 아팠습니다.

'누구보다 열심히 일했고 능력도 꾸준히 인정받고 있는데, 도대체 왜 이러지?'

그녀는 도무지 자기 자신의 마음을 알 수 없었고, 너무 힘든 상황에서 저를 찾아왔습니다.

○ 문제는 바로 인간관계다

"선생님, 저는 정말 왜 이럴까요? 지금 하고 있는 프로젝트도 제가 기획한 건데 왜 이렇게 의욕이 안 생길까요? 이 회사에 오기 전에 다녔던 곳은 지금보다 훨씬 조건도 나쁘고 시키는 일만 해야 하는 상황이었는데요. 그때도 이런 기분은 안 들었어요. 저는 정말 이런 제가 싫어요."

지은 씨의 이야기를 들으면서 상담 치료를 하다 보니 점차 그녀가 왜 무기력해졌는지 그 진짜 이유가 서서히 윤곽을 드러냈습니다. 그녀는 사실 일 자체가 힘든 게 아니었습니다. 회사에서 그녀는 충분히 실력 발휘를 하며 경력을 잘 쌓고 있던 일 잘하는 직원이었습니다. 야근이나 주말 근무로 과로가 쌓인 것도 아니었습니다. 문제는 일이 아니라 바로 인간관계 때문이었습니다. 5년 넘게 다닌 회사에서 그녀가 속마음을 털어놓거나 의지할 수 있는 사람이 단 한 사람도 없었던 것입니다.

"다른 팀원들이 자기들끼리만 아는 미드에 대해서 이야기를 한다거나 취미생활에 대해서 이야기할 때 기분이 좀 그래요. 저만 개밥에 도토리 같은 느낌이랄까……."

그녀는 다른 동료들이 서로 스스럼없이 어울리면서 밖에서도 자주 만나는 낌새가 보이면 왠지 모르게 위축됐습니다. 그렇다고 해서 왕따를 당하거나 사회생활에 지장이 있을 만큼 폐쇄적인 성격도 아니었습니다. 그녀도 학창 시절 속마음을 나누는 절친들이 여럿 있었습니다. 시시콜콜한 감정들까지 주고받던 중고등학교 동창들을 더 이상 만나기 쉽지 않은 나이가 되어버렸을 뿐이었죠. 회사 내에서 딱히 관계가 안 좋은 사람이 있는 것도 아니었습니다. 그녀는 회사 사람들 모두와 두루두루 잘 지내면서 배려하는 사람으로 관계에서 문제를 일으키는 타입이 아니었습니다. 한마디로 말하면 눈에 띄지 않고, 조용히 자기 할 일을 묵묵히 하는 캐릭터였습니다. 그런데 조용하지만 열심히 성실하게 살았던 그녀에게 어느 날부터 공허함과 외로움, 그리고 무기력증이 엄습했던 것입니다.

"회사에서 일도 잘하고 사람들과도 친하게 잘 지내고 싶은데, 그게 잘 안 돼요. 저도 왜 이러는지 잘 모르겠어요. 그냥 일만 잘하면 될 줄 알았는데……. 왜 이렇게 힘든 건지 갈피를 못 잡겠어요. 그렇다고 아무 문제가 없는데 회사를 옮길 수도 없고……."

그녀는 회사가 아닌 다른 곳에서라도 마음을 털어놓는 친구를 사귀고 싶어서 동호회 활동을 해봤지만 잘 되지 않았습니다. 전혀 다른 업계 사람들과 만나다 보니 공통점도 별로 없고 어색하고 불편한 느낌만 들었습니다. 그러자 그녀는 결국 자기 자신한테 무슨 문제가 있는 것이 아닌가 하는 생각을 습관적으로 하게 되었습니다.

"저도 잘 몰랐는데, 제 성격에 뭔가 문제가 있는 거 아닐까요?"

지은 씨의 이야기를 꾸준히 듣다 보니, 그녀가 습관적으로 스스로를 깎아내리는 말투를 쓴다는 것을 발견할 수 있었습니다.

"제 주제에 무슨", "제가 감히……", "다른 사람들은 다 하는데 저는 못해요."

지은 씨처럼 인간관계를 힘들어하는 사람들 중에는 이렇게 스스로를 낮게 평가하는 사람들이 많습니다. 이것 역시 앞서 이야기했듯이 관심의 초점을 자기 자신이 아니라 타인에게 맞추기 때문에 벌어지는 일입니다.

이런 사람들이 인간관계가 어렵다, 외롭다고 느끼는 것은 주변에 친한 사람이 없어서가 아닙니다. 진짜 외로움은 자기 자신과의 관계가 친밀하지 못할 때 엄습합니다. 더 정확한 표현은 공허함이라고 하죠. 공허함은 내 주변에 친한 사람이 있다고 해서 채워지는 게 아닙니다. 내가 나 자신을 소중히 여기지 않다 보니, 내가 진짜 원하는 게 뭔지를 잘 모르고, 뭘 느끼고 있는지도 잘 모를 때, 바로 그때 공허함이 찾아옵니다. 즉, 공허함은 나 자신과의 관계가 소원해졌을 때 찾아오는 감정입니다. 그런데 많은 사람들이 공허함을 채우기 위해 친밀한 인간관계를 만들려고 노력합니다. 타인과의 관계가 끈끈하지 않았던 이유로 자신의 배려 부족을 지목하게 되죠. 그러다 보니 나보다는 남을 더 배려하게 되고 그만큼 자기 자신을 소중히 여기지 못하게 되니 더 외롭고 공허해지는 식으로 악순환이 반복됩니다.

그러므로 지은 씨와 비슷한 상황에 처해 있다면, 타인이 아니라 나 자신의 생각과 감정에 집중해보세요. 타인을 나보다 더 우선순위에 놓다 보면, 결국엔 그만큼 나를 못 챙기게 되고 나를 소홀히 여기게 되고 나를 업신여기게 됩니다.

이렇게 나를 사랑하지 않게 되니 자존감이 낮아지고 공

허함까지 느끼게 됩니다. 만약 공허한 느낌이 든다면, 그것은 내 마음이 나에게 보내는 강렬한 신호라고 생각하세요.

'더 이상은 나를 외면하지 마. 나한테 초점을 맞춰달란 말이야.'
'다른 사람이 아니라 나 좀 바라봐줘.'

이렇게 내 마음이 고요하지만 강하게 외치고 있다고 생각하면 됩니다. 그러므로 공허한 느낌이 들 때 친한 인간관계를 찾아서 채우려고 하기 전에 먼저 조용히 내 내면의 목소리에 귀를 기울여보세요.

너무 뻔한 말이라고 생각할지 모르지만 자기를 사랑하지 않으면 남을 사랑할 수 없고, 자기를 존중하지 않으면 남을 존중할 수 없습니다. 인간관계가 힘들다면 대부분의 경우 그 이면에는 자기 자신과의 관계가 힘든 경우가 정말 많다는 걸 알아야 합니다.

나를 위한 심리학 케이크 13

어느 날 갑자기 공허한 느낌이 든다면
내 마음이 이런 신호를 보내고 있다고 생각하세요.

'더 이상은 나를 외면하지 마. 나한테 초점을
맞춰달란 말이야.'
'다른 사람이 아니라 나 좀 바라봐줘.'

PART 3

"힘들어도 사람한테
너무 기대지 마세요"

인간관계에도
밀당이 필요하다

○ 상대방을 배려하는 것이 과연 연애 잘하는 비결일까?

너무 간절하면 오히려 더 괴롭고 잘 안 되는 거. 그중 대표
적인 것이 바로 연애죠. '저 사람이 날 좋아하게 만들고 말
거야'라는 마음으로 선물 공세를 하면서 적극적으로 들이
대면 연애가 잘 되나요? 오히려 부담스러워서 멀리하는 경
우가 더 많죠. 그것보다는 '저 사람이 날 좋아하든 안 좋아
하든 별로 상관없어'라는 마음으로 자연스럽게 평소대로 상
대를 대하면 오히려 나에게 호감을 느낄 가능성이 큽니다.

사람의 마음은 나도 모르는 사이에 주변 사람들과 주고받는 것이기 때문에, 우선 내가 편안해져야 합니다. 그 편안한 느낌이 은연중에 상대방에게도 전달되어서 좋은 관계를 만듭니다.

또 상대방을 최대한 배려하는 것이 연애 잘하는 비결일까요? 약속이나, 장소, 비용 같은 걸 다 상대 위주로 맞춰주는 게 연애를 잘하는 거라고 오해하는 분들이 있는데, 이것은 소위 연애 하수들의 방법입니다. 물론 연애 초반에는 이런 방법을 써야 합니다. 하지만 이렇게만 하면 시간이 지날수록 갈등이 생기게 됩니다. 초반에 막 퍼주다가 어느 순간 지치기 마련이거든요. 아무리 심성이 선한 사람도 마음속에 조금씩 불만이 쌓입니다. '나는 맨날 퍼주기만 하는데 저 사람은 항상 나한테 받기만 하네'라는 생각이 차츰 드는 거죠. 그래도 관계 유지를 위해 그런 생각과 동반된 감정을 억누릅니다. 그러다가 어느 순간, 별것도 아닌 일에 갑자기 생뚱맞게 폭발하는 거죠. 그러면 상대방은 굉장히 황당해요. '갑자기 왜 저러지?' 싶은 거죠. 그러면 관계가 급속도로 악화되기 시작합니다. 그래서 밀당을 잘해야 합니다.

그런데 이것은 비단 연애에만 해당하는 법칙이 아닙니다.

부부 관계, 가족 관계, 친구 관계, 회사 동료와의 관계 등등 다른 모든 인간관계에도 이 법칙이 적용됩니다. 여기서 말하는 밀당이라는 것은 어떤 '고도의 전략' 같은 의미가 아니에요. 사람을 대하는 마음가짐을 이야기하는 겁니다. 나의 영역과 타인의 영역에 대한 균형 감각이죠.

나와 타인 사이의 에너지 밸런스

사람에게는 상반된 욕구가 있습니다. 한쪽은 독립의 욕구입니다. 자유, 혼자만의 영역, 내 맘대로 하고 싶은 욕구죠. 그와 반대되는 쪽에는 의존의 욕구가 있습니다. 관계를 통해서 친밀감과 유대감을 느끼고 싶은 욕구죠. 이 두 가지 욕구가 충돌하면서 우리는 인간관계의 딜레마에 빠집니다. 나를 챙기면 그만큼 남을 좀 못 챙기고, 남을 챙기면 그만큼 나를 좀 못 챙기죠. 그래서 이 두 가지 욕구 사이에서 균형을 잘 맞춰야 합니다. 물론 쉽지 않습니다. 머리로만 생각해서 노력한다고 되는 게 아니라 자연스럽게 몸에 배어야 할 수 있는 거거든요.

이것을 연애 관계를 통해 설명해보겠습니다. 어떤 20대 여성이 혼자 연애 상대에게 막 퍼주다가 지쳐서 폭발했습니다. 결국 헤어지게 됐죠. 사랑을 주기만 하다가 지친 그녀는 연인에게 이별을 선언하고 다시 혼자가 되었습니다. 처음에는 혼자가 되니까 차라리 속 편하고 좋았습니다. 그동안 상대방한테 맞춰주느라 자기 자신을 돌보지 못해서 결핍을 느꼈던 '독립과 자유의 욕구'를 만끽했습니다. '솔로가 되니까 구속도 안 받고 내가 하고 싶은 대로 다 하니까 너무 좋다. 호구 된 느낌도 없고 진짜 좋네. 진작 헤어질 걸 그랬어'라는 생각도 듭니다. 그러다가 시간이 좀 흐르면 다시 누군가한테 의지하고 싶은 욕구가 스멀스멀 올라옵니다. '혼자 있으니까 좋긴 한데 외롭네, 다시 연애하고 싶다, 누군가한테 의지하고 싶다, 친해지고 싶다'라는 생각이 들면서 왠지 모르게 쓸쓸해지죠. 한동안 의존의 욕구가 결핍되다 보니, 갈망이 커진 것이죠. 그래서 또 다른 누군가랑 사귀게 되는데, 또 사랑을 퍼주면 어떻게 될까요? 또다시 실망하면서 지치는 사이클을 반복하게 됩니다. 그러면 어떻게 해야 될까요? 이런 악순환을 반복하지 않으려면 어떤 특단의 조치를 취해야 할까요?

나와 연인 사이에서 에너지의 균형을 맞춰야 합니다. 앞서 연애 관계를 포함해서 인간관계가 어려운 사람은 에너지의 초점이 자신이 아닌 타인에게 맞춰져 있다고 설명드렸죠. 바로 이 초점을 연인이나 다른 사람들이 아닌 자기 자신 쪽으로 돌리는 연습을 해야 합니다.

'앞으로는 남한테 신경 쓰지 말아야지'라고 굳게 마음먹는다고 그렇게 되는 게 아니에요. 그냥 자기 자신한테, 자기 마음한테 신경을 집중하는 연습을 자꾸자꾸 반복해야 합니다. 그러다 보면 자연스럽게 다른 사람한테는 신경이 덜 가게 됩니다. 그렇게 돼야 자연스럽고 편한 모습을 보일 수 있고 호감도가 상승해서 연애든 인간관계든 잘 풀립니다.

배려는 하되 절대 희생하지 마라

그렇다면 연애 관계에서 어느 정도의 배려가 적당할까요? 상대방을 배려하기 위해서 나의 친구 관계나 취미 등등의 영역을 최대한 줄이고 100% 상대방한테 맞춰주는 것이 좋지 않다는 것을 모르는 사람은 없을 겁니다. 그런데 그걸 알면서도 나의 연인이 자신의 동아리 활동이나 친구 모임에 열심히 나갈 때, "나보다 그 사람들이 더 중요해?"라고 불만을 터트리면서 싸우는 상황이 정말 많이 벌어집니다.

이런 일로 다투다 보면 서로 자기 영역을 줄이고 상대의 욕구에 맞추려고 노력하면서 결국 독립에 대한 욕구를 희생하게 되죠. 유대감과 친밀함의 욕구는 충족되지만 독립에 대한 욕구가 희생되다 보니 내면에 불만이 쌓이고 이것이 심해지다 보면 곪아서 터지게 마련입니다.

이것은 연애 관계뿐 아니라 인간관계에서도 마찬가지죠. 나를 비우고 혹은 포기하고 상대방한테 맞추는 것이 관계에 독이 된다는 걸 알아야 합니다. 그 밸런스를 어느 정도로 맞춰야 하는지 잘 모르겠다면 이거 하나만 기억해보세요. 배려는 하되 희생을 하면 안 됩니다. 서로의 영역을 존중하는 한도 안에서 배려를 해야 그 관계가 오래 지속될 수 있습니다.

저는 우리나라가 특히 인간관계로 힘들어하는 사람들이 많다고 생각하는데요. 우리의 공동체 문화가 큰 몫을 하고 있습니다. 자기 자신을 중요시하는 것은 원래 인간의 기본적인 욕구이고 절대 나쁜 것이 아닙니다. 그런데 우리 문화에서는 자신을 중시하는 것이 곧 이기적인 것이라는 생각이 아주 강합니다. 개인적인 것과 이기적인 것을 구분하지 못하는 공동체 문화가 아직도 뿌리 깊게 박혀 있는 거죠. 이런 문화를 극명하게 보여주는 것이 바로 직장을 가족같이 생각하라는 말이죠. 많은 직장인들이 이 말에 치를 떨지 않습니까. 또 엄마들에게는 한없는 사랑과 아이를 위한 순도 100% 헌신이 '모성애의 정석'인 것처럼 사회문화적인 압력을 행사합니다. 많은 엄마들이 이 사회적 인식을 기준으로 자기 자신을 평가하다 보니, 자기 자신을 잘 챙기는 것에도 죄책감을 느낍니다. 이렇게 자기 자신을 위하는 것 자체를 터부시하는 문화에서 살다 보니, 욕구를 억누르고 희생을 하는 사람들이 많아질 수밖에 없고 이것이 각종 인간관계의 불협화음, 고통을 만들어내는 거죠. 그러므로 여러분, 인간관계에서 희생은 절대 금물입니다. 이것 하나만 잘 기억해도 파국으로 가는 길은 막을 수 있습니다.

나를 위한 심리학 케이크 14

그 사람과의 관계에서 왠지 억울하다는 느낌이 든다면
이렇게 다짐해보기

'상대방한테 맞춰주기만 하는 건 관계에 독이 된다는 걸
기억하자.'
'배려는 하되 절대 희생하지 말자.'

힘들어도 사람한테
너무 기대지 마세요

○ 외로움을 많이 타는 그녀에게 다가온 한 여자

20대 후반의 영미 씨는 어려서부터 외로움을 많이 탔습니다. 타고나길 내향적인 성향이어서 먼저 적극적으로 친구들에게 다가가진 못했지만 마음 한편에서는 가만히 있어도 반에서 존재감이 드러나는 아이들을 멀리서 바라보며 부러워하곤 했습니다. 매년 반에서 한두 명 정도와는 친구가 되었지만 늘 뭔가가 아쉬웠습니다. 많은 사람들의 관심을 받으면서 중심에 있고 싶은 마음이 충족되지 않았기 때문이에요. 대학 생활을 하면서는 이런 마음이 더더욱 커졌습니다. 고등학교 때까지는 어쩔 수 없이 반이라는 공간에 함께 있었기에 천천히라도 친해질 수 있었지만, 대학 생활에서는 그렇지 않았습니다. 다들 자유로워 보였고 적극적으로 보였는데, 자신만 뭔가 꿔다놓은 보릿자루가 된 기분이었습니다. 마음이 부자연스럽다 보니 과 친구들과 친해질 수 있었던 기회들도 날려버리곤 했습니다. 그러다 보니 어느새 점심을 함께 먹을 사람조차 없는 것 같았고, 마음속으로는 늘 함께 어울리며 즐거워하는 과 친구들을 바라보고 있었습니다. 영미 씨는 공부가 좋아서라기보다는 공부라도 해야겠다는 생각에 학업에 전념했고 학점은 늘 좋았습니다. 대학 졸업 후 원하는 직장에도 입사하게 되었습니다. 하지만 오랫동안 반복되던 외로운 느낌은 계속 꼬리표처럼 영미 씨를 따라다녔습니다. 그러다 보니 직장 생활을 하면서도 늘 뭔가가 허전하고 불편했습니다.

그러던 어느 날, 영미 씨에게 미희 씨가 먼저 다가왔습니다. 미희 씨는 같은 팀도 아니었지만 스스럼없이 그녀에게 먼저 다가와 말을 걸어주었습니다. 내심 '내가 너무 외로워 보여서 그런 건가' 하는 의구심이 들긴 했지만 점심시간에 다이어트를 한다는 핑계로 사람을 피하던 자신에게 그녀의 존재는 구세주와 같았기에 조금씩 마음의 문을 열게 되었습니다.

둘은 종종 식사도 함께하고 퇴근 후에도 카톡을 주고받는 사이가 되었고, 그제야 영미 씨는 마음이 따뜻해지는 느낌을 받았습니다. 누군가에게 지지받고 인정받는 느낌은 너무나 달콤했고 행복했습니다.

이러지도 저러지도 못하는 상황

그런데 그렇게 몇 달의 시간이 지났을 무렵, 미희 씨는 영미 씨에게 일요일에 교회에 함께 가자고 권했습니다. 영미 씨는 기독교에 대한 거부감이 있어서 약간 망설였지만 거절했다가는 미희 씨와 관계가 어색해질까 봐 걱정이 됐습니다. 또다시 예전처럼 외로운 삶을 살게 될까 봐 두려웠던 거죠. 고심 끝에 그녀는 미희 씨를 따라 교회에 나갔고 그곳에서 더 많은 사람들을 알게 되었습니다. 미희 씨 덕분인지 모두들 자신에게 친절했고 관심을 보여주었기에 마음이 따뜻해지는 느낌을 받았습니다. 그렇게 교회에 다니게 된 영미 씨는 점점 그곳에서 생활하는 시간이 늘었고 미희 씨와 보내는 시간도 엄청나게 늘어났습니다.

처음에는 일요일에만 만났지만 점점 평일에도 모임이 생겼고 늘 미희 씨와 함께했습니다. 그녀가 너무 좋고 그녀 덕분에 알게 된 사람들이 좋다 보니 기독교에 대한 거부감도 사라지고 왠지 모르게 없던 신앙심도 희미하게 느껴지곤 했습니다.

그렇게 행복한 날들을 보내던 어느 날, 영미 씨에게는 청천벽력과 같은 일이 생겼습니다. 뉴스에서 사이비 종교 관련 사건이 크게 보도되었는데, 그 문제의 교회가 바로 자신이 현재 다니고 있는 곳이었던 겁니다.

영미 씨는 너무 큰 충격을 받았습니다. 이 사실을 알게 되자마자 그녀는 미희 씨에게 전화를 걸어 어떻게 된 일이냐고 물었습니다. 미희 씨는 그냥 별일 아니니 신경 쓸 필요 없다고 말할 뿐이었습니다. 하지만 보통 일이 아니라고 생각한 영미 씨는 그 교회에 대해 인터넷 검색을 해봤습니다. 그러자 여러 경험담과 함께 이런저런 사건에 대한 내용이 쏟아졌습니다. 그제야 영미 씨는 미희 씨를 비롯한 교회

사람들의 행동이 납득이 되기 시작했습니다. 왜 지나치리만큼 목사님을 우러러보는지, 일반적인 교회와는 달리 신자들끼리 왜 그렇게 관계가 끈끈한지 알게 된 거죠. 약간 이상했지만 모두들 당연하게 여기니 그런가 보다 했던 일들이 이해가 가기 시작했습니다. 영미 씨는 이제 교회에 그만 나가야 하나 고민했습니다. 하지만 자신이 교회에서 피해 입은 것도 없고 오히려 미희 씨의 따뜻한 관심과 배려를 받았는데 갑자기 나가지 않으면 안 되는 거 아닐까 하는 생각도 들었습니다. 무엇보다 자신의 삶에서 미희 씨가 없어져버리면 이전처럼 다시 외로운 삶으로 돌아갈 것 같았기 때문입니다. 이럴 수도 저럴 수도 없는 상황에 빠진 영미 씨는 앞으로 어떻게 해야 할까요?

외로움을 파고드는 전략

사이비 종교는 아주 전략적입니다. 어떤 사람의 약점을 파악해서 그 부분을 공략합니다. 정서적 친밀감에 목말라하는 사람에게는 기가 막히게 그 부분을 채워줍니다. 외로운 사람을 알아보고 정확하게 그 지점을 파고드는 거죠. 이런 심리적 공략에 넘어가는 분들 중에는 의존적인 성향이 꽤 많습니다. 물론 꼭 의존적 성향만이 여기에 넘어가는 것은 아닙니다. 누구나 타인에게 기대고 싶은 마음이 있습니다. 또 누구나 조금씩은 결핍감을 갖고 있습니다. 내가 갖고 있는 결핍감을 정확하게 딱 채워주는 사람을 만났을 때, 누구나 마음이 흔들리게 되어 있습니다. 심한 경우에는 그 사람이 하는 모든 것을 따라 하게 될 수도 있습니다.

이런 이유 때문에 멀쩡하던 사람도 사이비 종교에 빠질 수 있습니다. 꼭 사이비 종교가 아니더라도 사람이라면 한 번쯤은 누군가를 믿고 기댔다가 데인 경험을 갖고 있을 겁니다. 사기꾼인 줄 모르고 큰돈을 빌려줬다가 낭패를 당하는 경우도 있고, 믿고 비밀을 털어놨다가 구설에 휘말리기도 합니다.

또 요즘 청소년의 경우에는 데이트 앱을 통해 성인들과 접촉하게 되고, 결국 성적으로 착취당하는 비극으로 이어지는 경우도 정말 많습니다. 상대방이 좋은 사람이 아니라는 걸 알게 된 이후에도 외로움을 채워준다는 점 때문에 쉽게 관계를 끊지 못하는 경우도 부지기수입니다.

이렇게 상대방의 심신을 착취하는 나르시시스트 혹은 사이코패스들이 가스라이팅하기 가장 좋은 먹잇감이 바로 의존적 성향의 사람들입니다. 이들은 의존적 성향의 먹잇감이 나타나면 귀신같이 알아봅니다.

물론 처음에는 철저하게 목적을 숨깁니다. 그저 친절을 베풀고 상대의 마음에 잘 공감해주고 지지해주는 말과 행동으로 상대를 사로잡습니다. 최소한 한 달 이상 이런 방식으로 접근하죠. 상대가 자신을 어느 정도 신뢰하면 그때부터는 자신에게 전적으로 의존하게 만들면서 말을 듣지 않을 경우 가스라이팅을 하게 됩니다. 일단 이런 관계 패턴이 형성되면 뭔가 수상한 낌새를 눈치채더라도, 쉽게 관계를 끝내지 못합니다. 왜냐하면 그 사람이 나에게 주는 심리적 교감이 너무나 달콤하기 때문입니다. 이미 그 달콤함에 빠져 있기 때문에 심지어는 성적, 신체적 학대를 당하면서도 쉽게 관계를 잘라내지 못해요. 본인이 너무 힘들어도 오히려 그 마음을 이겨내기 위해 상대의 좋은 점을 억지로 찾아내서 스스로를 속이면 마음이 훨씬 편하기 때문입니다. 또운 좋게 관계를 끊어내더라도 외로움에 취약하기 때문에 의지할 수 있는 누군가를 은근히 다시 찾게 됩니다. 자기도 모르게 외로움의 냄새를 풍기는 거죠. 바로 이때 나르시시스트 혹은 사이코패스들이 이들의 냄새를 감지하고 접근하는 것입니다.

이들은 친구일 수도 있고 연인일 수도, 배우자일 수도 있어요. 만약 착취를 당하면서도 관계를 잘 끊지 못하는 성격이라면 자신의 관계 패턴을 잘 되돌아봐야 합니다. 객관적으로 생각하면 답이 뻔히 나오지만 막상 자신의 문제가 되면 답이 잘 나오지 않는 경우가 많습니다. 단적인 예를 들어서 술 먹고 행패 부리는 남편에게 일상적으로 당하고 살면서도 부인은 막상 헤어지지 못합니다. 경제적인 이유 때문도 있지만 심리적으로 묶여 있는 경우도 꽤 많습니다.

'그래도 돈은 벌어오잖아.'
'나만 참으면 이 가족의 평화를 지킬 수 있어.'

이런 말들로 자기 자신을 합리화하면서 의존적인 관계를 버리지 못하는 거죠. 저에게 상담을 요청하는 부부 중에는 이런 관계 패턴을 갖고 있는 경우가 꽤 많습니다. 그리고 이런 경우 대개는 의존의 대상이 배우자에서 자식에게 대물림됩니다. 배우자에게 착취를 당하면서까지 정서적 친밀감을 느끼고 싶었지만 그렇지 못했다면 그 대상이 어디로 옮겨갈까요? 당연히 자식에게 향하게 됩니다. 또 부부와 달리 부모는 자식의 생살여탈권을 쥐고 있는 권력자이기 때문에 어느새 자식을 자기 마음대로 쥐고 흔들려고 합니다. 그렇게 되면 자식 역시 부모에게 의존적 심리 패턴을 갖게 됩니다. 이런 이유 때문에 의존성 심리 패턴은 대물림되기가 너무나 쉽습니다.

과연 그 사람은 내 인생의 구원자인가

의존성 성향의 경우 상담 과정에서도 고질적인 문제가 생깁니다. 상담을 하려면 상담자와도 정서적으로 관계를 맺지 않으면 안 되는데 이때 의존 성향이 걸림돌로 작용할 수 있기 때문이에요. 물론 상담자와 내담자의 관계는 보통의 인간관계와는 다릅니다. 하지만 일단 내담자가 상담자에게 정서적으로 친밀감을 느껴야 본인의 속마음을 털어놓을 수 있고 그래야 치료가 진행되기 때문에 딜레마가 생기는 경우가 참 많습니다. 이 과정에서 내담자가 상담자에게 정서적으로 의지하다 보면 어느 시점부터는 그 관계를 유지하고 싶은 마음이 커져서 심리 치료가 진행이 안 될 수도 있습니다. 이를테면 점점 심리적으로 독립하고 의존성이 치료되고 있다고 느끼는 순간, 내담자는 속으로 이런 생각을 하게 됩니다.

'이렇게 되면 더 이상 선생님을 만날 수가 없겠구나.'
'선생님을 볼 수 없게 되면 나는 더 힘들어질 것 같은데 어떡하지.'

심리적으로 독립하고 싶다는 마음과 더불어서 원래 상태로 되돌아가 상담자에게 기대고 싶은 마음이 충돌하다가 결국 후자가 이기는 경우가 너무 많습니다. 그래서 치료가 다 됐다고 생각하는 순간 다시 처음 상태로 돌아가버리는 거죠.

상담을 진행하는 과정에서 내담자는 결핍된 애정을 채우면서 만족하다 보니 어느 순간 자신도 모르게 상담 그 자체가 목적이 되어버립니다. 그러니 상담자가 치료를 종결해도 괜찮을 것 같다는 뉘앙스를 조금만 풍겨도 내담자는 관계가 끝날까 봐 두려워 스스로의 증세를 악화시켜버립니다. 일부러 그러는 것이 아니고, 무의식적으로 그렇게 된다는 말입니다. 상담을 통해 굳이 타인에게 기대지 않아도 스스로 마음의 안정을 찾는 법을 터득해야 하는데 주객이 전도되어서 상담 그 자체가 목적이 되어버리는 거죠. 그러다 보니 더 이상 치료가 진행되지 않습니다. 또 이때 상담자 역시 이런 내담자의 심리에 부흥하려는 심리가 생기는데 이것이 바로 '역전이 현상'입니다. 이것은 내담자가 상담자를 전지전능한 신처럼 여기고 전적으로 신뢰하기 때문에 일어납니다.

'선생님은 내 인생의 구원자야.'

'이 사람만이 나의 심리적인 문제를 해결해줄 수 있어.'

내담자가 이런 생각을 품고 있기 때문에 어느 순간 그 마음이 상담자에게도 전달되어서 자신도 모르게 그 역할을 수행하려고 합니다. 자신을 구세주처럼 대하는 내담자에게 권위적으로 대하거나 지나친 요구를 하게 되기도 합니다. 극히 일부이긴 하지만 내담자를 경제적 혹은 성적으로 착취하는 경우까지 생깁니다.

이렇듯 의존이라는 상호작용은 굉장히 복잡 미묘하기 때문에 상담자 역시 조심해야 합니다. 내담자가 무엇을 원하는지, 왜 그러는지 잘 알면서도 그 욕구를 다 들어주면 안 됩니다. 또 자신에게만 전적으로 의지하도록 방치해서도 안 됩니다. 자꾸 기대를 배반해야 합니다. 그래야 내담자가 스스로 독립에 대한 욕구가 생기고 상담자가 자신의 곁을 떠나지는 않는다는 걸 확인하면서 안심하게 됩니다. 의존하고 싶은 마음을 다 들어주지는 않지만 그래도 누군가 나를 지속적으로 이해해주고 공감해주는 경험이 쌓여가면 점점 혼자 있어도 마음이 편안해집니다. 그렇게 되면 점점 자신감도 생기구요. 그래야 상담자가 없어져도 다른 누구에게 기대지 않고서도 좌절감이나 불안감을 견딜 수 있어요.

○ 딱 한 사람에게만 전적으로 의지하지 마라

만약 상담 치료까지 받을 상황이 아니라면 내 말을 들어주고 나를 이해해줄 수 있는 사람을 몇 사람 만들어보라고 권해드리고 싶어요. 중요한 것은 딱 한 사람에게만 전적으로 의지하지 말라는 것입니다. 영미 씨의 경우처럼 전적으로 미희 씨에게 모든 것을 의지해버리면 그 사람이 그럴 만한 사람이 아닐 경우 너무나 큰 심리적 타격을 입게 됩니다. 또한 상대방도 자신에게만 너무 전적으로 의존하는 사람에게는 함부로 대하게 되기 십상입니다. 이것은 어쩔 수 없는 인간의 본성입니다. 심지어는 상담 치료를 공부한 전문가도 그렇게 되는데 아무리 선한 사람일지라도 그 상황에서 그렇게 되지 말라는 보장이 없습니다. 이 글을 읽는 독자분 중에는 '나는 그런 사람이 아니에요'라고 생각할지도 모르지만 그건 아무도 모릅니다. 우리 모두가 어느 순간 나도 모르게 다른 누군가를 함부로 대하는 상황에 빠질 수 있다고 항상 생각해야 합니다. 그래서 제가 앞에서 인간관계에도 밀당이 필요하다고 말씀드렸던 거예요.

또 한 가지 내가 믿고 의지하는 사람 역시 심리적으로 안정된 사람이어야 합니다. 그래야 문제가 생겨도 인연의 끈을 계속 이어가면서 '아, 내가 이렇게 해도 이 사람은 나를 떠나지 않는구나' 하고 안심하게 돼요. 이런 경험이 쌓이면 사람에 대한 믿음이 생기고 적절한 거리를 유지하는 요령도 터득하게 되니까요. 그렇게 되면 더 이상 공허한 외로움에 허덕이지 않게 되고 관계에 지나치게 몰입하지 않게 됩니다. 그러면 자연스럽게 착취당하거나 조종당할 일도 생기지 않게 됩니다.

나를 위한 심리학 케이크 15

**관계에서 착취당하지 않기 위해
평소에 해야 할 일**

단 한 사람에게 지나치게 의존하지 않는다.
마음의 안정을 찾는 나만의 방법을 연습하고 만들어둔다.

엄마한테 반항했더니
마음이 더 괴로워졌어요

○ 육아법이 다른 엄마와 어떻게 대화해야 할까?

30대 후반 희선 씨는 세 살 아이를 키우는 엄마입니다. 워킹맘이라 처음부터 엄마의 도움을 받게 되었죠. 처음에 희선 씨 집으로 매일 출퇴근하던 엄마는 1년 만에 아예 희선 씨 집으로 들어와 살게 되었습니다. 엄마 입장에서는 그리 어려운 결정은 아니었습니다. 아빠는 희선 씨가 대학생 때 이미 지병으로 돌아가셨고 엄마 혼자 살고 있었기 때문이었습니다.

엄마와 같이 살게 되자 처음에는 너무 좋았습니다. 아이 맡길 곳이 마땅치 않아 결국 일을 포기한 주변 친구들 이야기를 들을 때마다 감사하다는 생각이 들었죠. 그런데 얼마 전부터 엄마와 갈등이 시작되었습니다.

아이가 점점 자기주장을 하게 되자 엄마가 아이를 훈육하기 시작했기 때문입니다. 그런데 그 방식이 약간 강압적이었고 요즘 육아서에서 말하는 바람직한 방법과는 거리가 멀었습니다.

아이를 맡기는 입장이라 처음엔 희선 씨도 가능하면 좋게 말하려고 애썼습니다. 하지만 아무리 말해도 엄마의 강압적인 태도는 바뀌지 않았죠. 그러던 어느 날, 아이를 나무라는 엄마에게 희선 씨는 소리를 지르고 말았습니다.

"엄마, 내가 애한테 그러지 말라고 몇 번이나 말했잖아!"

그러자 엄마도 화가 난 나머지 언성을 높여 말했습니다.

"그래. 나만 나쁜 사람이지. 나만. 그럴 거면 너 알아서 혼자 키워!"

희선 씨는 여태까지 참고 참았던 울분을 터트리면서 이렇게 말하고 말았습니다.

"그래. 알았어. 이제 엄마 도움 필요 없으니까 그냥 따로 살아!"

결국 그길로 엄마는 집으로 돌아갔고 며칠째 서로 연락하지 않았습니다. 희선 씨는 급히 휴가를 내고 아이를 돌보면서 너무 힘이 들었습니다. 또 엄마와 그렇게 헤어지고 연락이 두절된 상황은 더욱더 괴로웠습니다.

희선 씨와 엄마는 어디서부터 갈등이 생긴 걸까요? 처음부터 엄마에게 아이를 맡긴 것이 잘못이었을까요? 아니면 일과 육아에 지친 희선 씨가 우발적으로 폭발한 걸까요?

◦ 상대방에게 맞춰주는 삶을 살고 있나요?

부모와 자식의 관계는 원래 상호 의존적이게 마련입니다. 문제는 철저하게 상하 관계로 자식이 부모에게 의지할 때 생깁니다. 홀로서기 힘든 미성년 때부터 서로 관계를 맺기 때문이죠. 힘과 권력에서 우위에 있는 부모는 자식을 보호하면서도 다른 한편으로는 통제하려 듭니다. 특히 부모가 은연중에 자식에게 지나치게 의존하고 있을 때엔 그 정도가 심해집니다. 그런데 자식이 점점 자라면서 부모에게 의존하지 않고 자기 스스로 뭔가를 결정하면 부모는 박탈감을 느낍니다. 그러다 보니 자식이 독립적인 의견을 내세울 때 거부감을 표현합니다. 하지만 이미 자기 생각을 갖게 된 자식은 뜻을 굽히지 않습니다. 이럴 때 강압적인 스타일의 부모는 통제권을 갖기 위해 자식에게 가장 상처가 되는 방식을 택하기도 합니다. 자식이 자신에게 의지하지 않으면 안 되는 상황을 이용하는 거죠.

'내 말 안 들으면 나는 너한테 정서적인 지지를 안 해줄 거야. 돌봐주지 않을 거야'라는 메시지를 말과 행동을 통해 계속 내보내는 겁니다. 이런 부모의 행동은 의도적이기보다는 무의식적인 것이라 부모 스스로도 잘 알지 못합니다. 은연중에 그런 말과 행동 패턴을 반복하는 거죠. 실제로 어떤 부모는 약간 극단적인 표현도 하게 됩니다.

"너 자꾸 그러면 엄마 집 나갈 거야."

이런 표현을 자신도 모르게 하게 됩니다. 하지만 어린 아이 입장에서는 이 말을 들으면 굉장히 두렵습니다. 버려질지도 모른다는 공포를 느끼죠. 그런 불안과 공포를 해결하기 위해서는 부모 말을 잘 들을 수밖에 없게 됩니다. 설상가상으로 이 방법이 잘 먹힌다는 것을 알게 된 부모는 아이를 훈육할 때 이런 방법을 반복해서 사용하게 됩니다. 그러면 어떻게 될까요?

당장은 아이가 부모 말을 잘 듣는 것 같아서 효과적이라고 생각할지 모르지만, 장기적으로 보면 이 아이는 의존적인 성향으로 굳어지게 됩니다.

당장 부모에게 의존하는 것이 문제가 아닙니다. 살면서 만나게 되는 다양한 인간관계에서도 의존적인 성향을 드러내게 됩니다. 이 아이는 상대의 말에 동의하지 않으면 미움받을까 봐 자기주장을 내세우지 않게 됩니다. 누구를 만나든 상대방에게 맞춰주는 방식을 택하죠. 물론 그래서 처음에는 괜찮을지도 모릅니다. 하지만 관계가 지속되고 깊어질수록 점점 문제가 드러납니다. 자기도 모르게 지나치게 의지하고 집착하니까 상대방도 점점 지치고 결국에는 밀어내거든요. 그러면 불안해지니까 더 의존하고 집착하게 됩니다. 이런 갈등 패턴을 파악하고 나면 머리로는 이 모든 과정을 이해할 수 있습니다. 하지만 근본적인 문제가 뭔지 알지 못하면 행동을 바꾸기는 결코 쉽지 않습니다.

이제 다시 희선 씨의 이야기로 돌아가볼까요? 희선 씨는 사실 남편에게도 의존적인 사람입니다. 결혼 전에 엄마에게 의존했던 습관이 고스란히 남편에게로 옮겨간 식이었죠. 남편은 처음엔 희선 씨가 자신에게 결정권을 주고 늘 배려해주는 모습이 좋았습니다. 하지만 스스로 결정하지 못하고 사소한 일에도 자기 의견을 묻는 일이 반복되자 점점 부담감이 커졌습니다.

> '다른 집은 부인이 남편이 아니라 아들을 하나 더 키우는 것 같다고 들 하는데, 우리 집은 내가 부인이 아닌 딸을 하나 더 키우는 것 같잖아.'

남편은 속으로 이렇게 생각했습니다. 또 회사에서 스트레스 받는 일이 생겨도 남편은 말을 아꼈습니다. 어차피 희선 씨에게 말해봤자 문제가 해결되기는커녕 희선 씨의 걱정 어린 푸념만 늘었기 때문입니다. 사람이 살다 보면 인간관계에서 갈등이 생기거나 의견이 달라서 문제가 생기는 건 당연한 일인데 희선 씨는 사소한 일도 과하게 반응했습니다. 아주 작은 사건에도 예민하게 반응하고 계속 초조해하자 남편은 아예 그녀에게 말을 꺼내지 못했습니다. 바로 이런 이유 때문에 희선 씨처럼 의존적인 성향의 사람들은 남들이 보기에는 '자기감정만 앞세우는' 이기적인 사람으로 오인받기 십상입니다.

하지만 사실은 그와 정반대입니다. 이들은 관심의 초점이 늘 남에게 가 있습니다. 그만큼 자신을 돌보지 못하는 경우가 많습니다. 희선 씨 역시 자기 자신의 편이 되어서 상황을 차근차근 살펴봐야 합니다. 엄마, 아이, 남편 문제가 복잡하게 얽혀 있는 상황일수록 그 누구도 아닌 자기 자신을 딱 떼어놓고 살펴볼 필요가 있습니다. 생각하고 느끼는 주체가 주변인이 아닌 자신이 되어야 한다는 말입니다. 그런데 희선 씨는 엄마와 싸운 후, 연락할 수 없는 시간 동안 이런 생각을 하고 있었습니다.

'엄마가 너무 화가 나서 이제 연락 안 하면 어떡하지.'

'엄마가 나를 미워하면 어떡하지.'

'엄마는 지금 무슨 생각으로 연락을 안 하는 걸까……'

혹시라도 엄마가 영영 자신에게 연락하지 않으면 어쩌지 하는 불안감이 들어서 사과 문자를 먼저 썼다 지웠다를 반복했습니다. 그런데 이렇게 상대방에게 초점을 맞춰 생각하면 계속 같은 문제가 악순환됩니다. 이런 생각을 반복해서 한다는 것 자체가 집착이고 이런 생각에만 빠져들면 감정은 불필요하게 확대되기 때문입니다. 그렇다면 어떻게 해야 할까요?

다시 맨 처음으로 되돌아가봅시다. 희선 씨는 엄마가 강압적으로 아이를 훈육하자 화가 났습니다. 그 순간 어렸을 때 자신을 대하던 엄마의 모습이 오버랩되었습니다. 나약하고 무력했던 어린 시절이 떠오르면서 순간적으로 그녀는 욱하고 말았습니다. 이전과는 다른 태도를 보인 거죠. 그러자 엄마는 늘 썼던 방식으로 대응했습니다. 희선 씨가 반항하거나 다른 의견을 낼 때 언제나 그랬듯이 떠나겠다고 협박한 거죠.

그 순간 두려웠지만 갈 테면 가라고 큰소리쳤던 희선 씨는 며칠 동안 엄마와 연락할 수 없었기에 초조해졌습니다. 빨리 이 사태를 해결하고 원상 복귀해야 한다는 조바심을 느꼈죠. 이런 상황에서 먼저 연락하고 싶은 충동을 이겨내기는 쉽지 않습니다. 하지만 거꾸로 생각해보면 이 사건은 지금까지의 관계 패턴에서 벗어나 새로운 관계 패턴을 형성하는 기회일 수도 있습니다. 그렇게 만들려면 어떻게 해야 할까요?

우선 관계에서 생기는 균열에 초조해하지 말고 그냥 견뎌보는 것이 필요합니다. 그러려면 지금 당장 내 안의 두려움을 해결하려고 덮어놓고 사과하지 말고 내 감정을 찬찬히 들여다볼 필요가 있습니다. 주어가 '엄마'가 아니라 '내'가 되어서 감정을 정리해보는 겁니다. 필요하다면 노트에 솔직한 감정을 적어보세요.

'나는 관계에 금이 가는 상황을 못 견뎌 하는 사람이구나.'
'나는 불편한 상황을 견디지 못하고 먼저 사과하는 습관을 갖고 있구나.'
'남편이 나에게 무슨 일이 있었는지 말해주지 않으면, 나는 혼자 온갖 상상을 하며 불안해하는구나.'

이렇게 자신의 감정을 소중히 여기면서 되뇌어볼 필요가 있습니다. 엄마든, 남편이든, 자식이든 그 누구와의 관계에서도 마찬가지입니다. 내가 그 관계에서 스트레스를 받고 있다면 내 감정을 먼저 들여다보는 것이 중요하지 그들과 화해부터 하는 게 능사가 아닙니다. 겉으로 보기에는 관계에서 발생한 균열이 문제인 것 같지만 그것이 핵심은 아닙니다. 내가 독립적인 인격체로 존재하기 위해서는 관계의 균열이라는 것이 필연적인 것일 수도 있습니다. 균열을 피할 게 아니라 오히려 일부러 균열을 낼 필요도 있는 거예요. 특히 희선 씨의 경우에는 그렇습니다. 그녀는 지금까지 필사적으로 그 균열을 막기 위해서만 살아왔습니다. 의견 차가 있어도 갈등을 일으키기 싫어서 자기 의견을 굽혔으니까요. 만약 자신이 희선 씨와 같은 유형이라면 이제부터라도 찝찝한 감정을 방치하는 연습부터 해보세요. 내가 우선 불편하고 힘든데 그것을 일부러 감추면서까지 평화를 유지할 필요는 없습니다. 만약 이런 연습을 꾸준히 하지 않는다면 자신도 모르는 사이에 자신의 아이에게 그 감정이 대물림될 위험도 있습니다. 나도 모르게 아이와 의존적인 관계를 맺게 되고, 나도 모르게 아이를 조종하게 되는 거죠. 희선 씨의 엄마가 희선 씨에게 그랬듯이 말이에요.

나를 위한 심리학 케이크 16

상대에게 맞춰주는 삶에 질렸다면?

그 사람에게 맞춰주면서 내 감정이 어땠는지 적어보기.
불편한 감정에 익숙해지기.
'갈등이 꼭 나쁜 건 아니야'라고 자신에게 말해주기.

감정 통제 잘하는 사람이 더 위험한 이유

○ 평판 좋은 용준 씨는 왜 무기력증에 빠졌을까?

40대 후반의 용준 씨는 직장에서 늘 평판이 좋습니다. 항상 차분하고 안정적으로 맡은 일을 성실하게 해냈기 때문이 었죠. 선배, 후배, 동기들도 모두 용준 씨를 완벽한 사람이 라 생각했습니다.

그는 팀원들 간에 의견 충돌이 있어도 흥분하지 않고 늘 차분하고 논리적으로 자기 의견을 조곤조곤 말하면서 중 재하는 타입이었습니다. 일이 너무 몰려서 바쁘거나 회사 내 정치 싸움으로 사건이 생겨도 스트레스를 받거나 일을 미루기보다는 그저 자신의 자리에서 묵묵히 맡은 일을 처리했습니다. 한 마디로 표현하자면 그는 '자기계발서를 읽을 필요가 없는 사람'이었습니다. 굳이 그런 책을 읽지 않아도 평정심을 유지하는 능력을 갖추고 있었기 때문이죠. 그래서 그런지 용준 씨는 주변 사람들이 일 때문에, 혹은 직장 내 인간관계 때문에 힘들어하는 것을 잘 이해하지 못했습니다. 자신의 경험상 일이 잘 풀리지 않거나 인간관계가 꼬여도 그냥 묵묵히 받아들이고 조용히 지내다 보면 차차 해결되었기 때문이죠.

답답하거나 화가 나는 일이 생겨도 느긋하게 기다리다 보면 다 해결된다는 게 그의 평소 지론이었습니다. 그런데 어느 날부터인지 이런 용준 씨에게도 큰 변화가 생겼습니다.

새로운 프로젝트의 책임을 맡으면서 더욱 열심히 일해야 하는 타이밍에 이상하다 싶을 정도로 몸이 늘어지고 의욕이 생기지가 않았던 겁니다. 원래의 용준 씨 같았다면 그런 시점에 오히려 생활 루틴을 더 잘 지키려고 노력했을 텐데, 이상하게 몸이 따라주지 않았습니다. 그러다 보니 생활에 활기가 없어졌습니다. 만사가 귀찮아지고 심지어 아주 사소한 일에도 짜증이 났습니다. 평소 별생각이 없던 부하 직원의 태도도 자꾸만 눈에 거슬렸습니다. 일도 잘하고 성격도 좋다고 소문 난 용준 씨는 왜 이렇게 갑자기 무기력한 사람이 되어버렸을까요?

○ 지금 제가 힘든 거 맞나요?

상담실까지 찾아오는 사람들은 이미 마음이 많이 힘든 상태인 경우가 많습니다. 이렇게 해도 잘 해결되지 않으니까 결국에는 심리 상담까지 받으려고 온 거니까요. 그런데 저는 상담하러 온 사람들에게 참으로 놀라운 이야기를 듣곤 합니다. 힘들어도 버티고 버티다가 저를 찾아왔음에도 이렇게 묻는 분들이 종종 있기 때문입니다.

> "선생님 근데… 제가 진짜 우울한 게… 맞을까요?"
>
> "다들 이 정도로 힘든데 그냥 잘 견디면서 사는 거 아닐까요?"
>
> "제가 이 정도 일로 이렇게 힘든 게 정상인가요?"

바로 이런 질문을 정말 많은 분들이 합니다. 너무 힘든 자기 상황이나 자기감정에 대해 털어놓으면서도 자꾸만 저에게 확인을 받으려고 합니다. 일도 잘하고 스스로의 감정 통제도 잘하는 용준 씨도 그랬습니다. 그 역시 자기감정을 스스로 인정하는 것을 어려워했습니다. 하지만 이 질문은 출발부터가 잘못된 것입니다. 본인이 스스로의 감정을 의심한다는 것은 자기 자신을 믿지 못한다는 거니까요. 자기 자신보다는 남들의 평가에 더 신경 쓰고 있다는 것과 같은 뜻이기 때문이에요. 하지만 감정이라는 것은 개인의 고유한 영역입니다. 누가 뭐라 한다 해도 내가 느끼는 감정은 나의 것이고, 그것을 애써 다른 감정으로 포장한다고 해서 느끼는 것이 달라질 수는 없습니다. 감정은 100% 주관적인 영역이기 때문입니다. 또 똑같은 상황이 벌어져도 사람에 따라 느끼는 스트레스 정도는 전부 다 다릅니다. 이것은 너무나 당연한 거예요.

　　개개인의 고유한 감각, 기질, 감정적인 성향 등이 맞물려서 스트레스를 받기도 하고 안 받기도 합니다. 남들이 스트레스 안 받는 상황이라고 해도 나는 스트레스를 받을 수 있어요. 이것은 '멘탈이 강하다 또는 약하다'라는 기준으로 단순하게 이야기할 수 있는 게 아닙니다. 우리 모두가 조금씩 다른 생김새를 타고난 것처럼 스트레스 반응 지수 역시 다 다릅니다.

사실 이 기질은 어린 시절에 이미 드러납니다. 섬세한 기질을 타고난 아이는 낯선 장소에 가면 불안해하거나 무서워서 울음을 터트립니다. 낯선 사람이라도 만나면 신경이 예민해져서 평소와 다르게 고개를 떨구면서 엄마 뒤에 숨기도 합니다. 이에 비해 똑같이 낯선 곳에 가도 무신경한 반응을 보이는 아이도 있습니다. 오히려 새로운 장소, 새로운 물건에 관심을 보이기도 합니다. 낯선 사람한테도 아무렇지도 않게 다가가서 먼저 인사하는 아이도 있습니다.

이처럼 똑같은 상황이 일어나도 타고난 개인의 감각에 따라 느끼는 감정은 다 다릅니다. 예민한 사람은 멘탈이 약한 사람이고 아무렇지도 않은 사람은 멘탈이 강한 사람이라고 말할 수가 없는 거죠.

그런데 우리는 어떤가요? 대체로 우리는 어떻게 하면 내 감정을 통제할 수 있을까를 먼저 생각합니다. 감정을 드러내는 사람은 미숙한 사람, 감정을 잘 드러내지 않는 사람은 성숙한 사람이라는 생각을 갖고 있기 때문이죠. 그런데 감정을 이렇게만 생각하면 큰 문제가 생길 수도 있습니다. 앞서 소개한 용준 씨의 경우를 볼까요? 용준 씨는 남들보다 감정을 느끼는 양이 적습니다. 남들이 예민하게 느끼는 문제도 용준 씨에게 별달리 예민하게 느껴지지 않는 거죠. 그러다 보니 용준 씨는 자기감정을 잘 다스리고 통제도 잘 하는 것처럼 보입니다. 주변 사람들도 용준 씨가 멘탈이 강하다고 평가합니다. 심지어는 다른 사람보다 멘탈이 우월하다고까지 생각하기도 해요. 그런데 이게 과연 우월한 걸까요?

저는 정신과 의사로서 여러 사람들의 인생을 생애 전체를 걸쳐서 살펴봅니다. 그런데 감정을 느끼는 폭 자체가 적은 분들의 경우가 더 위험할 때가 많아요. 이들에게 감정이 없는 게 아니거든요. 단지 감정을 느끼는 폭이 적기 때문에 감각적으로 덜 느낄 뿐이에요. 이런 분들이 자기도 모르는 사이에 나쁜 감정들을 차곡차곡 내면에 쌓아두다가 한꺼번에 터지면서 무너지는 경우를 수도 없이 봤습니다. 그런데 이렇게 터지기 전까지는 자신이 다른 사람들처럼 별로 스트레스를 느끼지 않기 때문에 멘탈이 강하다고 착각하면서 사는 거죠. 용준 씨가 바로 그런 케이스입니다. 인간관계에서든 직장 생활에서든 감정 조절을 잘 하는 사람으로 정평이 나 있기 때문에 더더욱 자기감정을 표현할 줄 모르게 되기도 합니다.

하지만 생애 주기에 따라 호르몬 변화가 찾아오거나, 40대 이후 여기저기 몸이 아프기 시작하면 오랜 세월 동안 잘 몰랐던 감정들이 크게 느껴지는 순간이 찾아옵니다. 그러면 어떻게 될까요?

오히려 그동안 경험해보지 않았던 감정들이 올라오니까 당황합니다. 그리고 어떻게 대처하면 좋을지를 알지 못해서 또 한번 당황합니다. 늘 그랬던 것처럼 감정 조절이 가능할 줄 알았는데 그렇게 되지 않으니 자신감이 떨어지고 위축됩니다. 여태까지 감정 기복이 적었던 것이 오히려 독이 되는 거죠. 우리가 일상에서 느끼는 소소한 감정들. 예를 들어 오늘은 저 사람의 이런 부분이 짜증이 났다거나 섭섭했다거나 하는 감정조차 별로 느끼지 못하고 살았는데 어느 날부터인가 감정 하나하나가 너무 크게 느껴지니까 결국에는 그 감정에 압도되어서 무너져내립니다. 중년에 느끼는 우울증 증상은 이렇게 시작되는 경우가 참 많습니다.

특히 남성의 경우에는 이것을 몸의 증세로 느끼는 경우가 많아요. '감정을 컨트롤하기가 너무 힘들다'고 느끼기보다는 '요즘 왜 이렇게 기력이 달리지'라는 식으로 느끼는 거죠. 열정적으로 일하던 사람이 만사가 귀찮아지고, 늘 머리가 아프고 허리가 아프고 온몸이 아프다는 말을 입에 달고 다니게 됩니다. 그리고 더 큰 문제는 큰 좌절감을 맛본다는 것입니다. 용준 씨의 경우가 딱 그렇습니다. 항상 성실하고 부지런한 그는 자신과는 달리 게을러 보이거나 무기력하거나 지나치게 감정적으로 힘들어하는 사람들을 보면 내심 한심하다고까지 생각했습니다. 그런데 갑자기 자신이 그런 사람이 돼버린 거죠. 이렇게 되면 지금까지 기고만장했던 태도와는 정반대로 한없이 자존감이 낮아지면서 큰 좌절감을 느끼게 됩니다.

'요즘 왜 이렇게 의욕이 안 생기지?'

'내가 어쩌다가 이렇게 무기력한 사람이 됐지?'

'왜 이렇게 아프지?'

이렇게 혼잣말로 되뇌며 괴로워합니다. 여태까지 이런 문제로 힘들어하는 사람들에게 늘 생활 루틴을 정해서 실행해보라고 조언했는데, 그동안 자기가 했던 말들이 떠올라 더 괴로운 거죠. 여태까지는 이성이 감정을 충분히 제어할 수 있다고 생각하면서 살았는데 그 가치관이 송두리째 무너지는 경험을 40대가 되어서야 하게 되는 것입니다. 바로 이런 이유 때문에 감정 통제를 잘하는 사람이 오히려 더 위험해질 수 있다는 말입니다.

나를 위한 심리학 케이크 17

내 감정을 제대로 표현하며 살고 있는지 돌아보기

이유 없이 몸이 아프다면 생각해보세요.
'기쁘다, 슬프다, 화난다, 즐겁다'라는 감정 표현을 제대로
하지 않은 채 오랫동안 살지 않았나 하고 말이에요.

왜 퇴근만 하면
시체가 되는 걸까?

○ 운동할 힘도 사라진 그녀

30대 초반 혜선 씨는 퇴근만 하면 온몸에 힘이 빠지는 것 같습니다. 남들처럼 저녁에 자기계발도 하고 싶고 취미 생활도 하고 싶어서 이런저런 계획을 세워봤지만, 퇴근만 하면 몸과 마음이 땅으로 꺼지는 것 같아 할 수가 없습니다. 이렇게 무기력해진 자기 자신이 너무 싫습니다. 주중에 하지 못한 일을 주말에 하면 되는데 그것도 쉽지 않습니다. 주말에 쉬면서 에너지를 충전하지 않으면 주중에 도저히 일을 할 수가 없었기 때문이에요.

혜선 씨는 활력을 되찾아보려고 한동안 운동을 하기도 했습니다. 하지만 그것도 작심삼일로 그쳐버렸습니다. 너무 힘드니까 운동할 에너지마저 남아 있질 않았어요. 몸이 힘들다 보니 운동하러 가는 것도 미루게 되고 결국에는 그만두게 되었습니다. 그렇다고 퇴근 이후 딱히 하는 일이 있는 것도 아니었습니다. 그저 누워서 스마트폰으로 이것저것 보다 보면 시간이 후딱 지나갔고 내일 회사에 가야 한다는 생각에 억지로 잠을 청하는 일상이 이어졌습니다. 이렇게 자기계발도 하지 않고 무기력하게 지내다 보니 직장에서도 뒤처질 것만 같아 더더욱 불안하고 초조한 마음이 들지만 몸이 말을 듣지 않으니 어쩔 수가 없습니다. 혜선 씨는 왜 이렇게 에너지가 없을까요?

왜 이렇게 기운이 없을까?

정말 하고 싶은데 아무것도 하기 싫은 마음, 몸과 마음이 서로 다른 방향으로 향하는 상태. 누구나 조금씩은 이런 상황에 빠져본 적이 있을 겁니다. 마음은 그게 아닌데 에너지가 남아 있지 않아서 몸이 움직이질 않는 거죠. 아직 30대 초반인 젊은 혜선 씨는 왜 이렇게 기력 없는 사람이 되어버렸을까요?

이 질문에 대한 답을 알기 위해서는 '힘이 없다, 기운이 없다, 에너지가 부족하다'는 것이 어떤 뜻인지부터 살펴봐야 합니다. 이것은 달리 말하면 어딘가에서 에너지가 줄줄 새고 있다는 것과 같은 뜻입니다.

많은 분들이 육체적 에너지 소모에는 신경을 쓰면서 감정 에너지 소모에는 상대적으로 신경을 잘 못 써요. 직장 생활에서도 업무에 쓰는 몸 에너지뿐 아니라 인간관계에서 사용하는 감정 에너지 소모가 우리에게 큰 영향을 미칩니다. 물론 여기에서 소모되는 에너지의 양은 개개인의 상황에 따라 많이 달라집니다. 혜선 씨의 경우 업무량이 과중해서 에너지가 고갈된 상태가 아닌지를 먼저 의심해봐야 합니다. 하지만 만약 그렇지 않다면 평상시에 관계 속에서 자신의 감정을 지나치게 통제하느라 힘을 주고 있는 게 아닌지 살펴볼 필요가 있어요. 제가 여태까지 경험한 바에 따르면 자기 자신의 솔직한 감정이나 상황을 지나치게 통제하려고 해서 문제가 생기는 경우가 정말 많습니다.

'있는 그대로의 감정을 인정하라'는 말은 해결책으로 여러 번 드린 말씀이지만 그것을 인식하는 것만큼 중요한 것은 인식하는 '방향'입니다. 자기 자신을 속이지 않는 것, 자기감정을 있는 그대로 인정하는 것이 정말 중요해요. 그런데 만약 인식의 방향이 자기 자신이 아니라 남이 되어버리면 차라리 인식을 안 하느니만 못한 결과를 낳습니다. 마음이 힘든 사람들 중에는 이 안테나의 방향이 내가 아닌 남인 경우가 참 많습니다.

'저 사람 표정 보니까 왠지 내가 이 말하면 싫어할 것 같은데 어떡하지….'

'팀장님이 내가 일하기 싫어한다고 생각하면 어떡하지….'

이런 식으로 자신의 감정에 주목하는 게 아니라 타인의 감정에 주목하면서 눈치를 보는 데 엄청난 감정을 소모하는 거죠. 사실 생존경쟁에서 살아남아야 한다는 이유 때문에 직장 내 인간관계에서는 이런 일이 무수히 반복됩니다. 오늘 내 마음은 우울한데 일하는 시간에 그걸 티냈다가 혹시라도 나에 대해 안 좋은 선입견이 생길까 봐 걱정되고, 그래서 나중에 승진에 불이익이 있거나 하면 어쩌나 하는 걱정으로 이어지기 때문이죠. 그래서 많은 사람들이 '내 감정을 티내면 안 돼'라고 스스로를 다독입니다. 그냥 우울한 날만 그러면 좋겠지만, '감정을 드러내지 않는 것=일 잘하는 것'이라는 인식이 있다 보니 일상생활에서 느끼는 모든 감정에 포커페이스를 하게 돼요. 이게 심하다 보면 희로애락이라는 사람의 감정이 모두 회색으로 변합니다. 감정을 드러내지 않으려고 애쓰다 보니 갖고 있던 에너지가 고갈되는 것은 당연한 일이겠지요. 또 억지로 감정을 느끼지 않으려고 애쓰다 보니 인간관계도 부자연스러워지고 경직되기 쉽습니다.

○ 감정을 존중하지 않는 사회가 나에게 미치는 영향

물론 회사에 다니면서 자신의 희로애락을 다 표현할 수는 없습니다. 또 다들 자기감정을 잘 다스리는 것처럼 보이는데 나만 그렇지 못한 사람이 될까 봐 걱정하는 것도 당연합니다. 특히나 우리 사회는 개개인의 감정을 인정해주지 않는 데 익숙합니다. 특히 조직문화는 많이 경직돼 있습니다. 회사든 학교든 어떤 조직이든 개개인의 감정을 자연스럽게 표출할 수 있고 또 그것을 자연스럽게 인정해주면 참 좋은데 그렇지 않은 게 현실입니다. 심지어는 가정에서도 감정 표현을 잘 못하는 경우도 많습니다.

해외에서 살다 국내로 들어온 한 내담자가 했던 말이 생각납니다. 그는 초등학교를 해외에서 보내고 중학교 때 다시 한국으로 돌아왔는데 학교 문화가 너무 달라서 적응하기 힘들었다고 털어놓았습니다. 그의 말에 따르면 만약 감정적으로 너무 힘들어서 학교에 갈 수 없다고 말하면, 묻지도 따지지도 않고 일주일 동안 쉴 수 있게 해준다고 합니다. 우리나라 학교에서는 상상조차 하기 힘든 일이죠. "마음이 괴로워서 아파요. 쉬어야겠어요"라고 말하면 "꾀병 부리지 마"라는 말을 듣기 십상이죠. 마음이 아픈 것도 몸이 아픈 것만큼 심각한 일인데 의사의 진단서가 있지 않으면 질병으로 인정하지 않는 우리의 문화도 분명 문제가 있습니다. 내 마음이 우울하고 불안한 것은 굳이 증명하거나 설득해야 할 영역이 아닌데 말이에요. 학교도 그렇지만 직장의 경우에는 '돈을 벌기 위해' 모인 집단이기 때문에 더 냉철합니다. "마음이 힘들어서 오늘 회사 못 갈 것 같아요" 라고 하면 이상한 사람, '유리 멘탈'인 사람이라고 취급받기 일쑤니까요. 이처럼 감정을 존중해주지 않는 문화는 우리의 정신 건강과 직결돼 있습니다. 지금 혜선 씨가 회사에서 모든 에너지를 다 쓰고 무기력해진 것은 이처럼 감정을 대하는 우리의 비뚤어진 문화와도 큰 상관관계가 있습니다.

○ 체벌로 사람의 마음을 바꿀 수 있을까?

매일 포털 사이트에 올라오는 뉴스를 한번 살펴보세요. 도저히 같은 인간이 저질렀다고는 믿기 힘든 끔찍한 사건, 잔인한 폭력이 난무하는 사건들이 무수히 많습니다. 그런데 그런 뉴스에 달려 있는 댓글들을 보면 저는 더 답답해집니다.

"부모가 오냐오냐 해서 키우니까 저렇지."

"매를 안 드니까 저렇게 되지."

"요즘 체벌을 너무 심하게 금지해서 그래."

　이런 식의 내용이 '베플'로 올라오늘 경우가 너무 많습니다. 그런데 과연 그렇다고 해서 체벌이 답인가요? 사람의 마음을 체벌로 통제할 수 있을까요? 사람의 행동을 강압적인 폭력으로 제어할 수 있을까요? 그것은 임시방편일 뿐입니다. 오히려 강압적으로 몸에 제제를 가했을 때 나쁜 에너지는 차곡차곡 쌓이게 되고 어느 순간 더 심하게 터지게 마련입니다. 저는 이런 폭력 사건의 가장 근본적인 원인은 '개인의 감정을 소중히 여기지 않는 문화'라고 생각합니다.

　감정과 행동의 상관관계는 참 아이러니해서 한쪽을 억압하면 다른 한쪽으로 에너지가 쏠렸다가 뒤로 더 크게 터집니다. 그와 마찬가지로 한쪽을 더 폭넓게 수용해주면 오히려 뒤로 쏠려서 터지는 에너지는 줄어듭니다.

　그러므로 해결책은 감정을 그대로 수용해주는 것일 수밖에 없어요. 제가 여러 번 반복해서 말하지만 내 안에 들어 있는 짐승의 감정도 존중해줘야 한다는 거예요. 그래야 결과적으로는 사람답게 행동할 수가 있으니까요. 내 안의 짐승을 부정하면 할수록 오히려 더 무분별한 행동을 하게 될 확률이 높아지니까요.

○ 문제를 발견하고 해결하는 것보다 훨씬 중요한 것

오랫동안 상담을 하다 보니 내담자들이 갖고 있는 공통적인 문제를 느낄 때가 참 많습니다. 그중 하나는 오랫동안 자기도 모르게 자기감정을 억압하면서 사는 분들이 많다는 것입니다. 분노, 불안, 악의, 질투, 후회 등등 사람이 가질 수 있는 부정적인 감정들조차 매우 정상적인 것입니다. 절대 나쁜 게 아니에요. 선의, 자부심, 존경, 친절, 성실 등등 남들이 보기에 바람직한 것들만 우리 인생에 필요한 게 아닙니다. 진짜 중요한 건 부정적인 면을 인정하는 거니까요.

"내가 일은 훨씬 더 잘하는데 왜 그 친구가 더 잘나가는지 너무 짜증나요."

"일은 내가 다 하는데 왜 저 사람이 생색을 내는지 미쳐버릴 것 같아요."

이런 식으로 솔직한 마음을 토해내야 돼요. 정말 신기하게도 상담을 하면서 내담자들의 감정을 있는 그대로 인정해주는 과정을 반복하다 보면 어느 순간 내담자 본인이 알아서 행동을 조절하는 걸 보게 됩니다. 딱히 이렇게 해라, 저렇게 해라 하고 행동에 대한 조언은 하지 않았는데, 그저 묵묵히 그 사람의 감정을 수용하는 것만 해줬는데도 그렇습니다. 그러니 여러분에게도 이 방법을 써보라고 권해드리고 싶어요.

직장에서 업무에 집중이 안 되든, 학업 스트레스가 지나치게 크든, 인간관계에서 반복되는 문제에 직면하든, 문제가 뭔지 발견하고 해결하기 위해 노력은 하지 않아도 됩니다. 그냥 철저히 나의 감정을 들여다보고 있는 그대로 표현하는 연습만이라도 해보세요. 그것만 반복해서 여러 번 하다 보면 문제는 저절로 해결되고 있을 거예요.

나를 위한 심리학 케이크 18

무기력증과 우울증을 예방하려면?

분노, 불안, 악의, 질투, 후회 등등 내 안에 들어 있는
나쁜 감정도 있는 그대로 인정해주기.

낯을 가리는 성격,
바꿀 수 있을까요?

○ 처음 만나는 사람이 무섭다

20대 중반 혜민 씨는 공무원 시험을 준비하기 위해 스터디 모임을 시작했습니다. 말 그대로 공부를 하기 위한 모임이었지만, 혜민 씨는 첫 모임 전날부터 긴장이 돼서 잠을 설쳤습니다. 너무 일찍 가서 혹시라도 누군가와 단둘이 있게 될까 봐 근처에서 약속 시간까지 대기하다가 모임 시간에 딱 맞춰 갔습니다. 총 여섯 명인데 이미 세 명이 도착해 있었습니다. 다들 초면이지만 표정이 밝아 보였고 서로 자연스럽게 대화를 주고받고 있었습니다. 하지만 혜민 씨는 인사를 하면서 자기 목소리가 살짝 떨리는 걸 느꼈습니다. 누군가 그걸 알아차릴까 봐 걱정도 됐습니다. 그런 우려와는 달리 다들 혜민 씨를 반갑게 맞아주었고 세 명이 나누던 대화를 다시 이어나갔습니다. 가만히 앉아서 들어보니, 자신은 별 관심이 없는 요즘 드라마가 화제였습니다. 내용도 잘 모르고 관심도 없어서 가만히 듣기만 했는데, 그런 자신이 점점 어색해져서 불편한 마음이 들었습니다. 그녀는 누군가 다른 사람이 빨리 오기만을 기다렸고 드디어 또 다른 한 사람이 도착했습니다. 그런데 웬일인가요. 그 사람온 딱 봬도 외향인 같아 보였고 오자마자 그 드라마에 대한 화제에 끼어들었습니다. 혜민 씨는 점점 더 주눅이 들었습니다.

○ 친한 친구가 단 한 명도 없는 사람

그날 첫 스터디 모임이 끝난 뒤 집으로 돌아온 혜민 씨는 망설이다 스터디 단톡방에 메시지를 남겼습니다.

저…죄송한데 제가 사정이 생겨서 더 이상 스터디에 참석하기 힘들 것 같아요.

혜민 씨는 이런저런 핑계를 대며 또 사람들을 피하고 있는 자신을 바라보며 자괴감이 들었습니다. 그녀는 문득 지나온 학창 시절이 떠올랐습니다. 해마다 학기 초에 혜민 씨는 너무 힘들었습니다. 새로운 반에서 새로운 친구들을 만나는 것이 늘 부담스러웠습니다. 왜 자신은 이렇게 낯을 가리는 성격을 타고났는지 부모님이 원망스러웠습니다. 다른 친구들은 스스럼없이 새로운 친구들과 잘도 웃고 떠드는데 자신은 왜 이렇게 친구들에게 먼저 다가가지 못하는지, 왜 이렇게 말을 못하는지 생각하며 괴로웠습니다. 그렇다고 누군가 자기에게 먼저 다가와 친구가 되어주지도 않았습니다. 혜민 씨는 항상 새 학년에 올라가면 이런 식으로 혼자 외로워하다가 시간이 좀 흐른 뒤 자신과 비슷한 성격의 조용한 친구 한두 명과 어느 정도 교류를 나누다가 다음 학년으로 올라가는 패턴을 반복했습니다. 그러다 보니 또래 친구들과 우정을 나누는 경험을 별로 하지 못했습니다. 이제는 어떻게 사람들과 친해질 수 있는지, 무슨 말을 해야 하는지조차 잘 모르겠습니다. 심하게 낯을 가리는 이런 성격, 과연 고칠 수 있을까요?

○ 낯선 환경이 유난히 두려운 사람

소개팅, 입학식 첫날, 입사 첫날, 첫 모임, 면접 등등 낯선 상황에서 만나는 낯선 사람. 나에게 익숙하지 않은 환경에 둘러싸이는 건 누구에게나 쉽지 않은 일입니다. 그런데 유난히도 이것을 두려워하는 성향이 있습니다. 낯을 심히게 가려서 처음 보는 사람 앞에서는 입이 떨어지지 않는 사람. 낯선 사람과 단둘이 있는 상황을 못 견디는 사람. 그래서 새로운 집단에 참여하는 것 자체를 꺼리는 사람. 이들은 학창 시절 매년 학기 초에 스트레스를 많이 받습니다. 피하려고 해도 도저히 피할 수 없는 상황이니까요. 대학에 입학하거나 새로운 직장에 처음 출근할 때도 유난히 힘들어합니다.

그렇다면 왜 이렇게 낯을 가릴까요? 처음 만나는 사람을 왜 이렇게 힘들어할까요? 우선, 타고난 기질 때문입니다. 보통 사람들보다 훨씬 더 낯을 가리는 기질을 타고난 거죠.

보통의 경우에는 어렸을 때 낯을 가려도 점점 사회화가 되면서 새로운 환경에 쉽게 적응하는 성격으로 바뀌곤 합니다. 하지만 체질적으로 그런 성격이라 나이가 들어도 여전히 낯을 가리고 낯선 환경에 쉽게 적응을 못하는 사람이 있는 거죠.

이들은 회피 성향으로 굳어지기 쉽습니다. 사람을 만난다는 것 자체가 긴장을 유발하기 때문에 그냥 피하게 되는 거죠. 그리고 가장 큰 문제는 그런 자기 자신을 자책한다는 거예요.

'나는 도대체 왜 이 모양일까?'

'내가 이런 사람이라는 걸 누가 알게 되면 어떡하지?'

이런 걱정 때문에 인간관계에서 더 부자연스럽게 행동하게 되는 게 문제입니다. 또 이때 자기 자신을 부끄러워하기 때문에 자존감이 낮아지고 그것이 메타 메시지로 다른 사람들에게도 고스란히 전달됩니다. 그러면 어떻게 될까요? 사람들과 교류하면서 연대감을 갖는다거나 감정적 유대감을 나누는 것이 더 어려워집니다. 인간관계에서 악순환이 끊임없이 일어나는 거죠.

○ 나의 모든 것을 이해해주는 사람이 세상에 있을까?

낯을 심하게 가리는 또 한 가지 원인은 인간관계에 지나
치게 이상적인 기대를 가지고 있기 때문입니다. 사실 초면
에 어색함을 느끼는 것은 어찌 보면 당연한 것입니다. 모든
게 낯선 환경에서는 평소에 말을 잘하던 사람이지만 더듬
을 수도 있고, 농담 잘하던 사람도 썰렁한 얘기를 할 수 있
는 거죠. 이렇게 힘들고 어색한 게 당연한데도 그걸 당연하
게 받아들이지 못하면 더 힘들어질 수밖에 없습니다. 인간
관계에서 생기는 불협화음도 마찬가지입니다. 나의 모든
것을 이해해주고 서로 좋은 면만 봐주는 관계는 세상 어디
에도 존재하지 않죠. 어떤 관계든 서로 지내다 보면 이런저
런 문제가 생깁니다. 그런데 관계를 맺고 문제가 생기고 그
문제를 해결하기 위해 서로 노력하는 경험 자체가 너무 없
다 보니 '이상적인 인간관계'라는 추상적 개념만 갖고 있는
거예요. 그러다 보니 타인에게 지나친 기대를 하게 되고 그

기대가 충족되지 못하면 지나치게 실망해서 나가떨어지는 일이 반복되는 거죠. 이들은 누군가가 자신을 좋게 봐주고 먼저 다가와주기를 바랍니다. 또 한 치의 오차나 실수를 용납하지 못하고 처음부터 완벽하게 매끄러운 관계가 되기를 바랍니다. 이렇게 마음이 경직돼 있기 때문에 오히려 더 부담스럽고 조심스러워서 말이 잘 안 나오는 거죠.

◦ 어쩌다 나를 부끄러워하게 되었지?

그렇다면 어떻게 해야 할까요? 지금까지 살아온 날들보다 앞으로 살아갈 날들이 많은 혜민 씨. 낯을 가리는 성격을 타고났기 때문에 앞으로도 계속 이렇게 살아야 할까요? 자, 문제는 낯을 가리는 성격 자체가 아닙니다. 기질 자체가 예민하게 태어난 건 절대 죄가 아닙니다. 그런데 우리 사회는 어렸을 때부터 소극적이고 나서지 않는 성격의 아이를 나무라기 일쑤입니다. 대범하지 못하다고 혼내거나 은근히 비난합니다. 이런 환경에서 자란 아이는 내향적이거나 소극적인 것보다는 외향적이고 적극적인 성격이 우월한 거라고 내면화합니다. 그리고 대범하지 못한 자기 자신을 부끄러워하죠. 죄책감과 부끄러움이 기본 정서로 자리 잡다 보니 자존감이 점점 낮아지는 겁니다.

우선 혜민 씨는 이런 사회의 메커니즘을 잘 이해할 필요가 있습니다. 왜 자신이 스스로를 이렇게 부끄러워하게 됐는지, 그 맥락을 이해하면서 접근해보면 지금까지와는 다른 인식이 생기기 시작합니다. 혼자 연습하기 힘들다면 상담 치료를 받아보라고 권하고 싶어요. 누군가가 "당신이 낯을 가리는 건 당연한 거예요. 그렇게 타고났는걸요"라고 말해주는 것과 스스로 되뇌는 것과는 많은 차이가 있을 수 있습니다.

○ 내 영혼의 필수품, 내 말을 들어주는 사람

또 한 가지 상담 치료를 통해 혜민 씨가 느끼는 모든 감정을 있는 그대로 받아주는 경험을 해보는 게 좋습니다. 비난과 비판을 통해 사람의 마음을 바꾸기는 정말 힘듭니다. 오히려 그 반대죠. TV토론 프로그램에서 나와 다른 의견을 갖고 있는 패널이 반대 의견을 피력합니다. 반박할 수 없는 근거를 내세우면서 자기주장을 내세웁니다. 내가 생각해도 그 사람의 논거가 옳은 것 같습니다. 하지만 그렇다고 해서 내 마음이 바뀌나요? 우리는 상대가 100% 맞는 말을 하고 있다는 것을 알면서도 기분이 나빠지면 그의 의견을 절대 수용하지 않습니다. 사람의 마음이라는 것은 그래서 어려운 겁니다.

그냥 내가 아프다는 걸 들어주고 공감해주는 사람. 이런 사람은 내 영혼의 필수품입니다. 이런 사람의 존재 유무에 따라 인생의 질이 달라지거든요. 누군가가 내 아픈 마음을 들어주고 공감해주는 일이 꾸준히 지속적으로 일어나면 신기하게도 조금씩 조금씩 내 마음에 좋은 에너지가 쌓입니다. 그러면서 내가 점점 나 자신을 좋아하게 되고 내가 나의 편이 되어가는 거죠. 그렇게 힘이 쌓이고 내가 내 편이 되면 어색하고 힘든 상황이 닥쳐도 그 자리를 피하지 않게 됩니다. 혜민 씨에게 그런 경험이 생긴다면 그녀는 점점 그 스터디 모임이 힘들더라도 회피하지 않게 될 거예요. 어색함을 견디다 보면 나에게 더 좋은 일이 생긴다는 것을 몸으로 체득하게 되는 거죠.

나를 위한 심리학 케이크 19

낯선 환경이 두려운 나에게 말해주기

"낯을 가리는 성격은 열등한 게 아니야."
"이런 내 모습도 사랑해줄 사람이 분명 있을 거야."

외롭지만
혼자 지내는 이유

○ 왜 아무도 나한테는 말을 안 걸지?

20대 초반의 희진 씨는 학창 시절에 열심히 공부해서 원하던 대학에 진학했습니다.

'고생 끝에 낙이 오는구나. 이제 장밋빛 인생이 펼쳐질 거야.'

그녀는 이렇게 생각했습니다. 대학에 가면 과 생활도, 동아리 활동도 열심히 하면서 좋은 친구들도 여럿 사귀고 소위 말하는 '인싸'가 되고 싶었습니다.

드디어 기다리고 기다리던 OT날이 다가왔고, 그녀는 설레는 마음으로 최대한 예쁘게 꾸미고 참석했습니다. 하지만 기대와는 달리 그날부터 뭔가 꼬이는 느낌이 들었습니다. 막상 새로운 장소에서 새로운 사람들과 마주하니까 왠지 어색한 기분이 들었고 그러다 보니 점점 표정이 굳어진 겁니다. 그런데 다른 사람들은 괜찮아 보였습니다. 다들 그날 처음 보는 사람들일 텐데, 삼삼오오 그룹이 나눠지면서 이런저런 대화가 오가기 시작했습니다. 희진 씨는 자기 혼자 꿔다놓은 보릿자루가 된 것 같아서 마음이 불편해졌어요.

'왜 아무도 나한테는 말을 안 걸지?'

이런 생각을 하면서 초조해진 희진 씨는 아무래도 자신이 먼저 재미있는 그룹에 끼려고 노력해야겠다고 결심했어요. 자신처럼 조용히 혼자 가만히 앉아 있는 사람보다는 즐겁게 이야기를 나누는 사람들 사이에 끼어들어야 인싸가 될 수 있을 거라고 생각한 거죠.

그녀는 은근슬쩍 와자지껄 떠드는 그룹에 끼어들었습니다. 그런데 이게 무슨 일인가요. 그들의 대화에 집중이 되지 않았습니다. 한 명이 농담을 하자 다들 따라 웃었지만 희진 씨는 웃음이 나오지 않았고, 어색한 표정으로 멀뚱히 서 있을 뿐이었습니다. 희진 씨는 언제 끼어들어서 말을 해야 하나 고민하면서 기회를 노렸습니다. 그러다 잠깐의 빈틈이 생길 때, 수십 번 생각했던 대화 주제를 꺼내보았습니다. 하지만 웬걸. 희진 씨의 말에 그 누구도 대꾸해주지 않았고 바로 다른 화제로 넘어가버렸습니다. 그러자 희진 씨는 얼굴이 화끈거렸고 바늘방석에 앉아 있는 것처럼 어색해졌습니다. 처음부터 이렇게 적응을 못 하는데 앞으로 대학 생활을 어떻게 해야 할지 걱정부터 앞섰습니다.

도대체 왜 자신은 이렇게 사람들과 섞이지 못하는지 한숨만 나왔습니다. 어색하게 서 있는 자신의 모습을 보고 친구들이 무시하는 것만 같아서 얼굴까지 화끈거렸습니다. 결국 그녀는 조용히 그 무리에서 빠져나왔고 끝까지 OT 장소에 남아 있지도 않았습니다. 어색한 얼굴로 그 자리에 어정쩡하게 서 있다가 집에 일이 있다는 핑계를 대고 서둘러 그곳에서 빠져나왔습니다. 희진 씨는 앞으로 어떻게 해야 할까요?

요즘 유행하는 말 중에 '인싸', '아싸'라는 단어가 있습니다. 가볍게 '난 아싸라서!'라고 농담하는 사람들이 있는데 이 대사 안에는 유머 이상의 의미가 담겨 있는 것 같습니다. 사실 이 대사에는 인간관계에서 위축된 사람의 심리를 읽을 수 있기 때문이에요. 청소년들이나 사회 초년생들 중에는 자신이 또래집단에 끼지 못하거나 집단에 끼지 못하는 것 때문에 힘들어하는 사람들이 많은데, 저는 상담을 통해 이런 분들의 사연을 많이 듣게 됩니다. 아싸로 사는 게 힘든 사람들이 너무 많은 거죠. 그렇다면 인싸로 사는 건 쉬울까요? 인싸와 아싸 사이에는 수많은 스펙트럼이 존재합니다. 스스로 인싸라고 생각하는 사람들도 자신의 단계가 마치 계급처럼 1단계 하향 조정될까 봐 늘 조마조마합니다.

이 심리는 스스로 아싸라고 생각하는 분들의 고민과도 맞닿아 있습니다. '아싸로 살기 너무 힘들다'고 토로하는 분들에게는 한 가지 공통점이 있는데요, 그건 바로 '인싸가 되고 싶다'는 마음을 갖고 있다는 거예요. 좀 더 정확하게 표현하면, 남들이 자신을 인싸로 봐주기를 원하는 겁니다.

그러기 위해서 인싸 그룹에 속하고 싶어 하죠. 그래서 그들은 자연스러운 자기 본모습을 감춘 채 인싸 그룹 주변을 배회합니다. 하지만 실패하고 맙니다. 자연스러운 모습이 아니라 묘하게 경직되고 뭔가가 위축된 모습이 드러나기 때문에 쉽게 그 그룹에서 인정받지 못하거든요. 이런 자기 모습이 못마땅하기 때문에 괴롭고, 이게 잘 해결되지 않으면 점점 그 또래집단에서 멀어집니다. 인간관계에 지나치게 신경을 썼다가 오히려 더 밀려나는 거죠. 이렇게 관계에서 회피하는 성격 특성을 '회피성 성격 특성'이라고 합니다.

사실은 나도 사랑받고 싶었어

회피성 성격 특성은 인간관계에서 생기는 다양한 심리적 갈등이 너무 고통스러워서 원천적으로 피하는 과정에서 더욱 고착화됩니다. 요즘 말로 하면 이들은 심리 상태는 '이불 밖은 위험해!'인 거죠. 만약 청소년기의 자녀가 인간관계를 피하고 자기 방에만 틀어박혀 있으면 부모는 너무 답답해집니다. 그러다가 영영 '히키코모리'가 될까 봐 걱정

되는 거죠. 그런데 이 히키코모리에도 두 종류가 있습니다.

첫 번째는 세상이나 타인에게 관심 자체가 없는 유형입니다. 이들은 정말 자기만의 세상에서 혼자 지내는 것을 좋아하고 그것에 만족합니다. 그리고 두 번째는, 속으로는 타인에게 관심이 많고 핵인싸로 살고 싶으면서도 단지 두려움 때문에 숨어 지내는 유형입니다. 회피성 성격 특성은 후자입니다. 사실 이들은 정말 심리적 딜레마에 빠져 있는 겁니다. 간절히 원하면서도 거절당할까 봐 혹은 인정받지 못할까 봐 차마 나서지 못하는 거니까요. 겉으로는 방어벽을 치면서도 속으로는 "사실은 나도 사랑받고 싶어"라고 외치고 있는 격이니까요. 물론 혼자 지내면서 충분히 행복하면 별 상관이 없습니다. 하지만 안 그런 척하면서도 속으로는 타인에게 인정받고 사랑받고 싶은 마음이 강렬하니까 어떻게 될까요? 도무지 자기 인생에 만족할 수가 없게 됩니다.

○ 욕망과 실망이란 뫼비우스의 띠

그렇다면 어떡해야 할까요? 이들에게 "밖에 나가서 사람

좀 만나! 회피하지 말고 직면하면 되잖아!"라고 말하면 될까요? 이런 말을 해봤자 별 소용이 없습니다. 이런 섣부른 조언은 오히려 갈등만 유발합니다. 그 사람이라고 그러고 싶지 않아서 못하는 건 아니니까요. 세상 모두가 그렇지만 그 사람이 회피형 인간이 된 데에는 다 그만한 이유가 있는 겁니다. 회피가 바람직한 대응 방법은 아니지만 그 사람 입장에서는 생존하기 위한 최소한의 자기방어거든요. 오죽 힘들었으면 그렇게 방어벽을 쌓았겠어요. 그 벽을 공격하면 할수록 오히려 방어벽은 더 견고해집니다. 그러므로 공격하기에 앞서 그 사람이 겪고 있는 심리적 갈등을 먼저 잘 이해하는 게 중요합니다. 그 사람이 방어벽을 쌓은 이유가 뭔지 그걸 생각해보는 거죠. 왜 쌓았을까요? 뭔가 공격이 들어오니까 방어를 한 거겠죠.

앞에 예시에 나온 희진 씨의 경우도 그렇습니다. 남들 같으면 그냥 아무렇지도 않게 그런가 보다 하고 자연스럽게 받아들일 수 있는 상황도 희진 씨는 심각하게 받아들입니다. 아무도 자기 말에 호응해주지 않자 자신은 이미 그 그룹에 낄 수 없는 존재가 된 거라고 과잉으로 해석하고 맙니다. 이렇게 크게 느끼는 이유는 바로 '두려움' 때문입니다.

두려움은 원초적인 감정이라 이성으로 조절하기가 참 힘듭니다. 눈앞에 천적이 있는 것처럼 생명의 위협을 느낄 정도로 두려우니까 살기 위해 우선 도망가는 겁니다. 이때 도망가는 것 자체를 비난하기보다, 그냥 이해해줘야 합니다. 주변 사람들 특히 가족들이 그렇게 해줘야 돼요. 그리고 무엇보다 자기 스스로도 그래야 합니다. 자신을 비난해서는 안 돼요. 희진 씨는 우선 그 자리에서 도망친 자기 자신을 이해해줘야 합니다. 희진 씨의 기억 속에는 거절당하고 수용받지 못한 기억이 분명 있을 거예요. 그것이 당장 생각나지 않는 그림자 기억일 수도 있지만 워낙 강렬했기 때문에 또다시 그런 상황에 맞닥뜨리는 것이 두려운 겁니다. 또 두려움을 느끼는 감정의 프로세스가 있는데, 앞서 말한 것처럼 주목받는 사람, 존재감 있는 사람이 되고 싶다는 속마음이 강렬할수록 오히려 그 반대 상황에 대한 두려움 역시 커집니다. 욕망과 실망이 뫼비우스의 띠처럼 연결되어 있는 거죠. 이 같은 감정의 메커니즘이 자신의 심리에도 도사리고 있는 것을 생각해봐야 돼요. 늘 우위에 서야 하고 훌륭하고 멋진 모습을 보여주고 싶은 욕망이 강한 사람은 그 반대의 모습을 보이고 싶지 않아서 못난 자신을 한탄하고 스스로에게 실망하기가 쉽습니다. 별거 아닌 사건에도 희진 씨처럼 '아, 나는 왜 이러지. 왜 이렇게 못났지' 하고 자책하게 되는 거죠.

이처럼 외로운데 혼자 지내는 이유는 결코 단순하지 않습니다. 의지력만 있으면, 습관만 들이면 바꿀 수 있는 차원의 문제가 아닌 거죠. 저는 희진 씨에게 이런 자신의 마음을 제대로 들여다보고 다독여주라고 말하고 싶어요. 그것이 해결을 위한 첫 번째 수순이니까요.

"○○야(아), 그동안 고생이 너무 많았어. 많이 힘들었구나."

"사람들과 섞이고 싶었는데 잘 안 되니까 그런 거였구나. 너를 이해해."

"아무도 네 말에 대꾸를 안 해주다니 너무했다. 속상했겠다."

이렇게 상한 마음을 감추지 말고 충분히 이해한다고 스스로에게 말해주세요.

나를 위한 심리학 케이크 20

'나는 왜 이렇게 못났지' 하고 자학하고 있다면
생각해보세요.

이렇게 생각하는 사람일수록 남들에게 훌륭하고
멋진 모습을 보여주고 싶은 욕망이 강한 사람일 수 있어요.
늘 이겨야 하고 우위에 서야 하기 때문에 그렇게 하지 못한
자신을 자책하는 거거든요.

PART 4

"멘탈 관리는
피지컬로 하는 것이다"

내 감정을 있는 그대로
인정해도 진짜 괜찮을까?

◎ 나조차 싫은 내 모습을 어떻게 받아들이라는 거죠?

30대 초반 기영 씨는 마음이 힘들 때마다 심리학 책이나 심리 유튜브를 찾아서 봅니다. 그때마다 자신이 왜 힘든지 이해가 잘 되고 복잡했던 감정도 차분해지면서 마음이 정리되는 느낌을 받았습니다. 그런데 딱 한 가지 어려운 것이 있었는데 그것은 바로 '감정을 수용하라'는 말입니다. 자기감정을 인정하고 있는 그대로 받아들이라는 말이 해결책으로 자주 나오는데, 기영 씨는 거기서부터 어떻게 해야 할지 갈피가 잡히지 않았습니다.

기영 씨의 속마음은 항상 뭔가가 불편하고 우울한데 어떻게 이런 감정을 있는 그대로 받아들이라는 건지 이해할 수가 없었습니다. SNS를 보면 늘 행복하고 긍정적인 사람들로 넘치는 세상 같은데 기영 씨는 그러지 못한 자신이 못마땅했습니다.

'나도 편안하고 행복하다면, 얼마든지 내 감정을 있는 그대로 받아들일 텐데⋯⋯.'

기영 씨는 마음이 불편하거나 우울하거나 짜증 나는 일이 많다 보니, 생각도 부정적으로 흐를 때가 많습니다. 그런 자신의 모습이 너무 싫은데 어떻게 있는 그대로 받아들일 수 있다는 건지 알 수가 없었습니다. 자신과는 달리 인생을 즐겁게 살아가며 활기가 넘치는 친구들이 부럽기만 합니다. 그래서 그런지 괜히 행복해 보이는 친구의 SNS에 농담 반 진담 반으로 살짝 기분이 나빠질 수도 있는 댓글을 달곤 했습니다. 왠지 그렇게라도 해야 마음이 좀 풀리는 것 같았기 때문이에요. 하지만 그러면서도 또 한편으로는 자학을 하게 됩니다.

'나는 왜 이 모양일까.'

'나는 왜 이렇게 쓸데없는 질투가 많지?'

이렇게 속으로 생각하면서 혹시 이런 마음을 친구들한테 들킬까 봐 조마조마합니다. 불안한 마음을 다스려보려고 그녀는 또다시 심리학 책을 고르고 있습니다.

○ 내 안에 짐승을 인정하면 마음은 편해지기 시작한다

많은 분들이 기영 씨처럼 부정적인 자기감정을 어떻게 있는 그대로 받아들여야 하는지 모르겠다는 말씀을 자주 합니다. 비록 부정적인 감정이더라도 그것이 타당한 거라고 스스로 인정하고 받아들이면 좋은데 이것이 생각보다 쉽지 않기 때문이에요. 자기감정을 날것 그대로 인정했다가는 자칫하면 이상한 사람이 될 것 같으니까요. 그 어떤 감정을 느끼든 다 옳다고 인정해주면 마치 자신이 형편없는 사람이 될 것 같은 불안감도 들고요. 이런 이유 때문에 많은 부모들이 아이들의 감정을 있는 그대로 받아주지 못합니다.

그렇게 계속 받아주다 보면 결국에는 아이를 망치게 될까 봐 두려워서 그런 거죠. 짐승처럼 본능에만 충실한 아이가 될까 봐 걱정하는 겁니다. 하지만 사람은 짐승이기도 합니다. 그걸 먼저 인정하면 오히려 편해져요.

아무리 과학이 발달해도 사람의 뇌 중심부에 들어 있는 짐승의 뇌가 없어지는 건 아닙니다. 또 아무리 이성의 힘으로 본능을 억누른다고 해도 짐승의 뇌가 사라지는 것이 아닙니다. 오히려 누르면 더 꿈틀대며 욕망을 분출할 기회를 호시탐탐 노립니다. 짐승의 뇌를 잘 다스리려면, 오히려 그 '짐승다움'을 인정해줘야 합니다. 내가 짐승과 다를 바가 없다는 것, 짐승 같은 본능을 갖고 있다는 것을 스스로 인정하고 그 감정에도 타당성을 부여해줘야 합니다. 그래야 스스로 진짜 자기편이 될 수 있어요. 내가 내 편이 되면 감정을 억누르며 스스로를 미워하지 않게 되니 마음이 편해집니다. 내 마음이 편해지면 오히려 짐승이 아닌 인간답게 남들에게도 베풀 수가 있게 되죠.

◦ 마음이 편안한 사람들의 공통점

그래도 자기 안에 들어 있는 짐승 같은 면을 인정하기가 힘든가요? 만약 그렇다면 주변에 마음이 편안해 보이는 사람을 한번 찾아보세요. 인격이 훌륭하거나 만인에게 존경받는 사람을 찾으라는 게 아닙니다. 행동이 자연스럽고 타인을 대할 때도 마음이 편안해 보이는 사람, 만나면 마음이 편안해지는 사람이 우리 주변에 한둘쯤은 있게 마련입니다. 그런 사람들을 몇몇 찾았다면 공통점이 뭔지 한번 생각해보세요. 그게 뭘까요? 그들은 대부분 자기 안에 짐승이 들어 있다는 걸 인정합니다. 스스로 자기 본능을 수용할 줄 알기 때문에 남들 앞에서도 자연스럽게 표현할 수 있는 거예요. 그 사람 스스로가 마음이 편하면 남들이 볼 때도 마음이 편안합니다. 그러면 인간관계가 그냥 자연스럽게 흘러가죠.

그와 반대로 마음이 불편해 보이고 행동이 부자연스러운 사람은 또 그렇지 못하다는 걸 알 수 있을 거예요. 항상 남들에게 좋은 모습, 괜찮은 모습만 보이고 짐승 같은 모습은 감추려고만 하면 어떻게 될까요? 짐승 같은 모습이 들

통날까 봐 노심초사하다 보면 마음이 불편하고 행동도 부자연스러워집니다. 그러다 보면 사람들과 관계 맺는 것 자체가 부담스러워지고 점점 혼자 고립될 수 있어요. 당연히 인간관계가 부자연스러워지죠.

물론 우리가 살고 있는 사회의 유교 문화도 한몫합니다. 우리 모두가 서로의 마음속에 들어 있는 짐승을 알아보고 자연스럽게 인정해주면 참 좋은데 오히려 그것을 감시하고 서로 평가하는 게 현실입니다. 특히나 그 사람의 지위나 사회적 역할에 대해서는 혹독한 기준으로 평가합니다.

"왜 저래. 엄마씩이나 되면서 애들한테 화를 내?"

"무슨 선생이 저렇게 감정적이야?"

대체로 이런 식으로 평가하죠. 하지만 이렇게 사회적 역할에만 충실하면서 자신의 본능, 자기 안의 짐승을 제대로 인정해주지 않으면 오히려 독이 된다는 걸 알아야 돼요. 자신의 본능을 인정해주면서 엄마 역할도 수행하는 사람은 별 탈 없이 엄마 역할을 잘 해내지만, 지나치게 완벽한 엄마 역할을 추구하면서 자신의 본능을 억제하기만 한다면 엄마로서 해야 할 기본적인 일도 제대로 해내지 못하게 된다는 걸요.

◦ 내가 내 편이 되어주면 생기는 일

이래서 사람의 감정이라는 건 참으로 쉽지가 않습니다. 내가 원하는 대로 내 감정을 조절하는 것조차 이렇게 쉽지만은 않으니까요. 하지만 정말 나의 부끄러운 감정까지 있는 그대로 인정해주면 세상은 달라집니다. 내 감정의 밑바닥까지 내려가서 그걸 들여다보고 인정하는 단계를 거쳐야 돼요. 남들한테는 보여주기 싫은 내 마음, 짐승처럼 꿈틀대는 나의 본능을 있는 그대로 인정해보는 거죠. 그걸 인정하면 통제 불가능한 이기적인 괴물이 될 것 같은가요? 하지만 당신의 우려대로 그렇게 되지는 않습니다. 진짜 철저하게 자기편이 되어준 사람은 마음의 여유가 생기기 때문에 철저히 남의 편이 되어줄 수도 있거든요. 상대방의 입장이 되어서 그 사람의 감정도 수용해주는 여유가 생기는 거죠.

"아, 나는 결국 사랑받고 싶어서 투정을 부린 거구나."

"엄마한테 인정받고 싶었는데 그러지 못하니까 죄 없는 사람에게 화풀이를 했구나."

"주목받고 싶었는데 아무도 날 봐주지 않으니까 그 사람에 대한 질투심으로 폭발했구나."

"저 사람을 볼 때마다 기분이 나빴어. 저 사람은 내가 하고 싶은 걸 다 하면서 살고 있잖아."

자기감정을 수용한다는 것은 이렇게 자신의 감정을 있는 그대로 받아들여주는 것에서 시작합니다. 이 과정은 결코 쉽지만은 않습니다. 혼자서 하기 힘들기 때문에 상담 치료를 받으면서 하는 분들이 많은 겁니다. 일주일에 한 번씩 1년 이상 자기감정을 있는 그대로 표현하는 연습만 해도 부족합니다. 지금까지 살아온 세월 동안 그렇게 하지 못했기 때문이에요. 또 머리로는 '선생님이 내 감정을 모두 있는 그대로 수용해주실 거야'라고 생각하면서도 무의식적으로는 '선생님이 나를 이상한 사람 취급하면 어떡하지'라는 두려움이 앞서기 때문이에요. 제 경험상 보통 1~2년 정도 이 연습을 꾸준히 해야 비로소 자기감정을 있는 그대로 표현할 줄 알게 됩니다. 그렇게 되기까지 정말 힘들지만 일단 표현할 수 있게 되면 마음은 말로 표현할 수 없을 정도로 편해집니다. 마음이 편해지면 일도 인간관계도 공부도 자신의 잠재력을 최대한 발휘할 수 있는 상태로 바뀝니다. 감정기복이 없는 강한 멘탈을 소유했다는 건 바로 이런 상태를 말합니다. 자기감정을 수용한다는 것, 내가 내 편이 되어준다는 것은 이처럼 어마어마한 일이에요.

나를 위한 심리학 케이크 21

화가 나거나 질투가 날 때
나의 속마음을 그대로 인정해보기

"주목받고 싶었는데 아무도 날 봐주지 않으니까
그 사람에 대한 질투심으로 폭발했구나."
"저 사람을 볼 때마다 기분이 나빴어. 저 사람은 내가
하고 싶은 걸 다 하면서 살고 있잖아."

정말로 상대의 이야기를 잘 들으면 어떤 일이 일어날까?

○ 핵인싸가 되려다 망신만 산 사연

학창 시절 교우관계에서 위축되고 친한 친구가 별로 없어 늘 외로움을 타던 재욱 씨. 그는 대학 입학을 앞두고 인간관계에 대한 유튜브 강의를 많이 봤습니다. 거기서 유머러스한 사람이 호감을 산다는 이야기가 많이 나오자 유머에 대한 책을 사서 열심히 읽었습니다. 오리엔테이션 날이 점점 다가오자, 그동안 책에서 본 유머를 전날까지 열심히 외웠습니다. 이 유머로 분위기를 빵빵 터뜨리면서 핵인싸로 대학 생활을 하는 자기 모습을 상상하면서 말이에요. 자, 과연 재욱 씨의 바람대로 되었을까요?

신입생 오리엔테이션 날, 재욱 씨는 약간 어색해 보이는 대부분의 사람들과 달리 목소리도 크고 활발한 학생이 주도하는 작은 무리로 다가갔습니다. 어색하고 부끄러웠지만, 자신감을 가지자고 마음속으로 되뇌며 그 자리에 조용히 껴들어가 분위기를 살폈습니다. 그런데 그는 사람들의 이야기 자체에 관심을 기울이기보다는 그저 이야기가 끊기는 타이밍이 언제인지에만 집중했습니다. 연습했던 유머를 구사하고 싶었기 때문이죠. 드디어 대화가 잠시 끊긴 틈이 생겼고, 재욱 씨는 준비했던 재미있는 이야기를 하기 시작했습니다.

그런데 이야기를 하는 도중, 문제가 생겼습니다. 그렇게 많이 보고 외웠던 내용인데, 갑자기 전혀 생각이 안 나는 것이었습니다. 다들 자신을 주목하고 있는 상황에서 생각이 안 나니까 재욱 씨는 눈앞이 캄캄해졌습니다. 그는 결국, 얼버무리며 이야기를 마무리했고, 그룹에서 분위기를 주도하던 아이가 다시 말을 이어갔습니다. 다들 초면이라 그런 상황에서 웃거나 면박을 주지는 않았지만 그는 자신이 너무 한심하게 느껴지고 창피했습니다. 대학 생활을 시작하는 첫날부터 이미지를 망친 것 같아 괴로워 그날 밤 잠 못 들면서 한참을 '이불 킥'했습니다.

○ 상대의 마음을 헤아리면서 듣기

인간관계는 무의식적인 상호작용이라 개인의 의지와 노력만으로 바뀌는 것은 아닙니다. 그래도 인간관계가 조금이라도 편해지기 위해서 도움이 될 만한 방법에 대해 말씀드리겠습니다.

우리는 관계에서 공감 능력이 중요하다는 이야기를 참 많이 듣습니다. 그런데 여기서 공감이라는 게 과연 뭘까요? 많은 분들이 이에 대해서 오해를 합니다. "아~ 정말 속상했겠다"와 같은 리액션만이 공감이라고들 생각합니다. 하지만 공감은 말로만 하는 게 아닙니다. 말로 하는 리액션이 없어도 얼마든지 공감하는 느낌을 상대에게 줄 수 있습니다. 그것은 최대한 집중해서 상대의 말을 잘 듣는 겁니다. 이것이 가장 중요합니다. 이때 듣는 것은 그냥 흘려들는 것이 아니에요. 정말 적극적으로 듣는 '액티브 리스닝 (active listening)'을 하는 것입니다. 이런 마음을 갖고 들으면 내가 어느 순간 하고 싶은 말이 있어도 참을 수 있습니다. 아무리 도움 되는 조언을 해주고 싶어도 참고, 그냥 상대방의 입장이 되어서 상대방의 마음을 헤아리면서 듣는 것입니다.

굳이 말하고 싶으면 내 말이 아닌, 상대방이 한 말을 다시 되풀이해서 말해주고 그게 맞는지만 확인하면서 듣습니다. 이렇게 최대한 입을 닫고 귀를 여는 것. 이것이 진짜 공감입니다. 정말로 열심히 듣고 나서 맨 마지막에, '그랬구나', '너의 입장에선 그럴 수 있겠다'라고 말해주면 상대방에게 도움이 됩니다. 그런데 굳이 말하지 않더라도 신경을 집중해서 상대방의 마음을 헤아리면서 들으면 그 마음이 고스란히 상대에게 전달이 됩니다. 표정이나 행동이라는 비언어적 소통의 영역이 있기 때문이죠. 이런 비언어적인 공감에 잘 훈련된 사람들이 바로 정신과 의사들입니다.

그래서 내담자가 정신과 의사에게 정말로 이해받는다는 느낌을 받고, 감정적으로 쉽게 전이되기도 합니다. 일반 사람들은 정신과 의사와 상담을 하면 바로 전문적인 해결책을 제시해줄 거라 생각할지 모르지만, 실상은 그렇지 않습니다. 오히려 이상하다 싶을 정도로 말없이 계속 듣는 경우가 많습니다. 간혹 말을 할 때에도 조언보다는 수용하는 언어를 더 많이 씁니다. 이렇게 듣기만 하는 건 전문가가 아니라 그냥 친구나 가족이 해줘야 하는 거 아닌가 하고 생각할 수도 있지만 이 또한 그렇지 않습니다. 여러분도 한번 생각해보세요. 오히려 친구나 가족에게 공감받기가 더 어렵지 않나요? 이 글을 읽는 독자분들도 비슷한 경험 한 번쯤은 해봤을 겁니다. 친한 친구니까, 같이 사는 가족이니까 내 맘을 알아줄 것 같아서 말을 꺼냈다가 오히려 더 상처받는 일들이 훨씬 많지 않나요? 또 감정적인 이해관계가 얽혀 있기 때문에, 상대방에게 나의 속마음을 있는 그대로 털어놓았을 때 벌어질 일이 걱정되어서 더 말하지 못하기도 합니다. '내가 괜히 이런 이야기를 해서 더 부담스러워하면 어쩌지……' 하는 생각이 드는 거죠.

인간관계가 힘들다면 말하기가 아니라 듣기부터 연습해라

많은 분들이 앞에 예시를 든 재욱 씨처럼 인간관계를 개선하기 위해서 '말을 어떤 식으로 하면 좋을까?', '어떤 웃긴 말을 던져서 저 사람이 나에게 호감을 갖게 만들까'라고 생각합니다. 하지만, '유창하게 말하기'에 집착하면 집착할수록 말이 더 꼬일 위험도 있습니다. 오히려 그와 반대로 해야 합니다. '어떻게 하면 말을 잘 들을 수 있을까?', '어떻게 하면 저 사람의 마음을 헤아릴 수 있을까?'에 집중하는 게 먼저입니다.

저는 상담을 통해 인간관계에서 일어나는 수많은 대화 이면에 숨어 있는 속마음을 들어볼 일이 많습니다. 그럴 때마다 늘 하게 되는 생각은, 누구나 다 '답정너'라는 점입니다. 상대에게 조언을 구했다 하더라도 자신이 원하는 것은 어차피 마음속에 다 있다는 말입니다. 그래서 자신이 원하는 대답을 상대가 해주면 바로 수용하고 그렇지 않으면 거부하고 맙니다. 물론, 마음속에 있는 자신의 생각이 정말로 스스로에게 도움이 안 되는 경우도 많습니다. 오히려 계속 그렇게 하면 악순환의 패턴만 반복되는 결과를 낳을 뿐이죠. 그런데 그럼에도 상대의 이야기를 그냥 들어주는 게 중요합니다. 계속 들어주고 수용해주다 보면, 상대방이 말하면서 스스로 깨닫게 되는 순간이 분명 있습니다.

계속 듣다가 '아 그렇구나. 너가 하는 말은 이렇다는 말이지. 정말 그랬겠다'라고 말해주다 보면 조금씩 객관화가 됩니다. 말하면서도 스스로가 이상하다고 느껴지는 순간이 오거든요. '아, 내가 여태 잘못 생각한 것 같아. 너무 나 자신을 몰랐던 것 같아'라고 조금씩 스스로 느끼면 그때부터 변화가 시작됩니다.

그래서 '액티브 리스닝'은 단순히 공감해주는 행위가 아니라, 스스로 자신을 객관적으로 바라볼 수 있는 기회를 제공해주기도 합니다.

○ 직구는 사람을 변화시킬 수 없다

하지만 이렇게 마치 정신과 의사가 하듯이 일상생활에서 액티브 리스닝을 하는 것은 생각보다 쉽지 않습니다. 내가 볼 때는 상대방의 문제점이 확실히 보이기 때문에 자꾸 그 부분을 짚어주고 싶어지거든요. 그런데 직구는 아무리 옳은 말일지라도 그 사람의 문제를 해결해주지 못합니다. 머리로는 이해를 하더라도, 감정이 다치기 때문에 심리적으로 방어를 하는 경우가 부지기수입니다. 그래서 관계 속에서 나누는 대화는 해결책을 중심으로 접근하면 오히려 역효과가 난다고 생각하는 게 좋습니다. 많은 사람들이 이것을 알면서도 잘 실천하지 못하죠. 또 상대방의 말을 계속 다 들어주고 받아주기만 하면 오히려 상대방의 문제가 더 강화된다는 점을 지적하는 사람들도 있을 겁니다. 이것도 맞는 말입니다. 하지만 우선은 그렇게 공감을 해주면서 믿음이 바탕이 된 관계를 만드는 것이 중요합니다. 그래야 자신의 본모습, 숨기고 싶었던 모습, 남들에게 이야기하지 못했던 속마음까지도 표현할 수 있게 됩니다. 그렇게 스스로에 대해서 자꾸 말하는 기회가 있어야 진짜 자기 모습을 자각할 수 있습니다.

좀 힘들지만 직구를 통해서 빨리 해결하는 지름길을 포기하고 천천히 이야기를 들어주면서 스스로 자각하게 만들어주는 길. 즉 멀리 돌아가는 길을 택하는 것이 좋습니다.

그런데 상대방의 말을 잘 들어주고 싶은 마음이 있더라도 문제가 있습니다. 내가 좋아하는 사람, 친해지고 싶은 사람이 있는데, 그 사람은 나에게 별로 관심이 없어 보인다는 겁니다. 앞서 예로 든 재욱 씨처럼 인간관계를 힘들어하는 사람들은 소위 말하는 '인싸', 인기가 많은 사람들과 친해지려고 노력합니다. 그래서 재욱 씨도 조용한 그룹보다는 활발하게 대화를 나누는 그룹에 들어가서 어울려보려고 노력했던 거죠. 두루두루 관계가 좋고, 외향적이고 사교성이 좋은 사람들과 친해지면 나도 그런 사람인 것처럼 보일 것 같고, 또 그런 사람 옆에 있으면 인간관계에 도움 될 만한 점들을 배울 수 있을 것 같거든요. 그런데 문제가 뭘까요? 그런 사람들은 인기가 많아서 이미 주변에 친구들이 많다는 겁니다. 그래서 아무리 내가 그 사람의 이야기를 주의 깊게 들어주고 싶어도, 그 사람 입장에서는 굳이 나에게 자신의 이야기를 말할 필요가 없다는 거예요. 이렇게 친해지고 싶은데 혼자서 친해지고 싶다고 생각하고 다가갔다가 실패하면, 재욱 씨처럼 크게 실망합니다. 무리하게 다가

가서 말을 걸고 친해지려고 안간힘을 쓰다가 그게 먹히지 않으니까 '아~ 난 역시 안 되는구나' 하면서 또다시 자신감을 잃어버리는 거죠. 이렇게 시도했다가 안 좋은 경험을 한번 하면, 이후에 또다시 사람들 앞에서 위축된 자세로 행동하는 악순환이 계속됩니다.

우선 편안한 사람과 친해지기

그렇다면 이제 재욱 씨는 어떻게 해야 할까요? 재욱 씨가 사교적인 사람들과 친해지고 싶어 하는 건 사실 전혀 문제가 아닙니다. 적극적인 그룹에 들어가서 친해지려고 시도한 행동도 문제 될 게 없습니다. 우선 재욱 씨는 그런 자신의 마음을 억지로 억누르려고 하기보다는 '내가 왜 이렇게 인싸가 되려고 안간힘을 쓸까?', '나는 왜 이렇게 사교적인 사람들과 친해지려고 무리수를 둘까?'라고 먼저 스스로에게 질문을 던져봐야 합니다. 그러면 '내가 비사교적인 나의 모습을 안 좋게 보고 있어서 그걸 감추거나 바꾸고 싶어 하는구나'라는 걸 깨닫게 됩니다.

이 과정을 충분히 거친 후에 내가 친해지고 싶은 사람보다는 그냥 내 옆에 비교적 편안한 느낌을 주는 사람과 우선 교류해보는 것이 좋습니다. 그 사람과 자연스럽게 소통하면서 친해지다 보면, 점점 자신감이 생깁니다. 아무리 취향이나 취미가 독특한 사람도 자신과 통하는 사람이 있게 마련입니다. 문제는 스스로가 자신의 특징을 싫어하는 것입니다. 그러다 보니 자꾸만 나와 전혀 다른 세계에 사는 사람만 바라보게 되는 거죠. 또 그렇게 되면 자연스럽게 나랑 친해질 수 있는 사람은 자꾸 밀어내게 되어 악순환이 이어집니다.

자, 그러므로 재욱 씨에게도 무리하게 활발한 그룹에 들어가서 웃기려고 노력하기보다는 우선 주변에 나와 비슷한 사람, 편안하게 대화를 나눌 수 있는 사람, 마음이 통하는 사람에게 다가가 말을 걸고 또 잘 들어주는 것부터 시작하라고 말하고 싶습니다. 자꾸 대화를 나누고, 관계를 맺어봐야 인간관계에도 익숙해집니다. 이렇게 사람과 관계를 맺다 보면 점점 관계에 자신감이 생기고, 그러다 보면 여러 그룹으로 확장될 수 있습니다. 그러면서 동호회 활동, 종교단체 등등의 모임에도 나가보는 거죠.

○ 허물없는 내 모습 드러내기

이렇게 나와 통하고 편안한 사람과 관계 맺는 연습을 충분히 할 때 장점이 또 한 가지 있습니다. 그것은 바로 내 마음이 편하기 때문에 꾸미지 않은 있는 그대로의 내 모습을 드러내 보일 수가 있다는 것입니다. 부끄러운 내 모습을 감추기 위해 지나치게 신경을 쓰다 보면 긴장하게 되고 그러면 말과 행동이 부자연스러워집니다. 그러다 보면 상대방이 금방 그런 모습을 눈치채게 되죠. 하지만 편안한 내 모습을 내비치면 마음이 편안해지니까 말도 더 잘 나오고 대화에도 집중이 더 잘 됩니다. 그러다 보니 상대방의 말에 공감도 더 잘할 수 있게 되어서 호감도가 상승하게 되죠. 인간관계에 미숙한 사람은 자신의 이야기를 최대한 감추려고만 합니다. 괜히 이야기했다가 상처만 받을까 봐 걱정이 되기 때문이죠. 하지만 무조건 내 이야기는 하지 않고, 상대방의 이야기만 듣는 것이 '잘 듣는 것'은 아닙니다. 앞서 말했듯이 상대방의 이야기를 정말로 흘려듣지 않고, 주의 깊게 듣는 것도 중요하지만 허물없는 내 모습을 어느 정도 드러내는 것도 인간관계에서는 매우 중요합니다.

물론 그렇다고 해서 내 마음속에 있는 어두운 부분을 다 드러내라는 뜻은 아닙니다. 맨땅에 헤딩하는 식으로 아무 대책 없이 있는 그대로의 속마음을 다 노출하다 보면 정말로 더 상처받는 일이 생길 수도 있습니다. 나의 모습을 드러내는 것도 앞에서 상대의 이야기를 들어줄 때 썼던 방식처럼 지름길이 아니라 멀리 돌아가는 길을 택해보세요. 조금씩 조금씩 작은 에피소드에서부터 시작하는 겁니다. 그런 모습을 보여도 별 탈이 없고, 오히려 상대방과 더 친밀해지는 느낌을 받으면 자신감이 점점 커지는 것을 경험하게 될 겁니다.

나를 위한 심리학 케이크 22

내 마음을 알아주는 친구를
정말 만들고 싶다면?

'어떤 말을 던져서 저 사람을 웃기지?'가 아니라
'어떻게 하면 저 사람의 말을 잘 들을 수 있을까?'에
집중해보세요.

멘탈이 강한 사람 vs.
멘탈이 약한 사람

○ 어떻게 하면 강한 멘탈의 소유자가 될 수 있을까요?

20대 중반의 희라 씨는 감정 기복이 심한 편입니다. 고등학교 때 절친 네 명이 지금도 종종 모이는데 그때마다 왠지 친구들이 자신의 눈치를 보는 거 같습니다. 그런데 머리로는 '이러면 안 되는데'라고 생각하면서도 감정이 한번 가라앉으면 자기 스스로도 어떻게 해볼 도리가 없습니다. 친구들한테 미안하기도 하고 분위기를 흐리고 싶지 않아서 아닌 척하다가도 결국에는 어떤 방식으로든 짜증을 내고야

마는 자기 자신이 너무나 싫습니다. 물론 친구들은 그녀가 그럴 때마다 이제 그러려니 하고 조용히 기다려줍니다. 희라 씨는 그런 친구들에게 고맙기도 하고, 또 한편으로는 이러다 친구들이 자신을 떠날까 봐 겁이 나기도 합니다. 그러지 않으려고 몇 번이나 결심했지만 친구들 앞에서 심하게 짜증을 낸 후 나중에 가서는 왜 그랬는지 후회하는 일을 반복하다 보니 스스로에게 자괴감이 들었습니다.

그러다 보니 희라 씨는 점점 멘탈이 너무 약한 게 아닐까 하고 스스로를 의심하게 되었습니다. 친구들은 자신과 비슷한 상황이 생겨도 그다지 스트레스를 받는 것 같지 않았기 때문입니다. 오히려 친구들은 더 힘들고 열악한 상황에서도 자신이 맡은 일을 거뜬히 해내는 것처럼 보였습니다. 모임에서도 서로 너무 즐겁게 지내는 것처럼 보였습니다. 그에 비해 자신은 친구들 앞에서조차 마음이 편치 않았습니다. 친구들과 만난 자리에서도 회사 일이 생각났고, 상사에게 혼났던 일을 반복적으로 생각하며 짜증을 냈기 때문이에요.

희라 씨는 어떻게 하면 자신도 친구들처럼 강한 멘탈을 가질 수 있을지가 궁금했습니다. 유튜브에도 '멘탈 강해지는 법'이라는 키워드로 검색해서 이런저런 콘텐츠를 보고 이와 관련된 심리학 책이나 자기계발서도 찾아서 읽어봤습니다. 그런데 그럴 때마다 머리로는 잘 알겠는데, 막상 현실에 적용해보려고 하면 감정 조절이 잘 되지 않았어요.

'나는 태생적으로 멘탈이 약한 사람인가?'

아무리 좋은 강의와 좋은 책을 찾아 읽어도 도무지 실천할 수 없자 희라 씨는 이렇게 생각하게 되었습니다. '이번 생에는 글렀고 다음 생에 멘탈이 강한 사람으로 태어나야 하는 건가'라는 비관론에 빠져버린 것이죠. 그렇다면 희라 씨는 정말 멘탈이 약한 사람일까요? 희라 씨처럼 자기감정을 그때그때 조절하지 못하는 사람은 멘탈이 약한 것으로 봐야 할까요?

○ 감정 조절에 대한 우리의 착각

이 질문에 대한 답을 찾기 위해서는 우선 감정 조절을 잘한다는 게 어떤 의미인지부터 살펴볼 필요가 있습니다. 감정 조절을 잘한다는 건 과연 뭘까요? 일반적으로 우리는 극도로 화가 나거나 기분 나쁜 일이 있어도 감정을 드러내지 않고 평정심을 유지하는 것이 감정 조절을 잘하는 거라고 생각합니다. 감정선이 최고점을 찍을 때도 그것을 있는 그대로 드러내지 않고, 충동적인 행동을 하지 않도록 스스로를 제어할 줄 아는 것이 올바른 것이며 멘탈이 강한 거라고 생각하죠.

하지만 과연 그럴 수 있는 사람이 있을까요? 물이 끓는데 주전자 뚜껑이 열리는 것은 당연한 것입니다. 과학적으로 따지자면 주전자 안의 물이 끓고 가열된 수증기가 주전자의 공간을 가득 채우게 되니 압력이 세지고 결국에는 그 열기가 뚜껑을 열고 밖으로 뿜어져 나오는 것입니다. 이럴 때 주전자 뚜껑을 더 세게 막으려고 하면 어떻게 될까요? 물론 더 위험해집니다. 여기서 문제를 해결하려면 얼른 가스불을 꺼야 합니다.

사람의 감정도 이와 똑같습니다. 화가 난다면 그 원인을 제거하는 게 먼저지 감정을 제어하는 것이 먼저가 아닙니다. 그렇다면 다시 아까 했던 질문으로 되돌아가봅시다. 감정 조절을 잘한다는 게 뭘까요? 감정선이 최고 정점을 찍었을 때도 폭발하지 않고 제어하는 것을 말할까요?

많은 사람들이 이 부분을 착각하곤 하는데요. 감정 조절을 잘한다는 것은 평상시에 자기감정을 잘 관리하는 데 방점이 있습니다. 이 점이 핵심입니다. 또 좀 더 정확히 말하면, 감정은 조절하는 것이 아니라 그냥 관찰하는 것입니다. 감정을 관찰하라니 이건 또 무슨 말일까요? 말 그대로 내가 내 감정을 잘 들여다보는 것을 말합니다. 이게 쉬워 보이지만 생각보다 그렇게 간단치가 않습니다. 왜냐하면 우리 모두가 이런 걸 배워본 적이 없기 때문이에요. 우리는 어릴 때부터 자기감정을 잘 다스려야 한다고만 배우지, 우리 자신이 느끼는 감정 자체가 자연스러운 것이고 중요한 거라고 배우지를 못했어요. 그래서 자기감정을 있는 그대로 느끼고 받아들이는 법을 우리는 잘 모릅니다.

○ 나의 감정은 날씨와 같은 것

이해하기 쉽게 또 다른 비유를 하나 들어볼게요. 우리가 아는 것 중에 가장 변화무쌍하지만 자연스럽게 받아들이는 것이 하나 있죠. 그것은 바로 날씨입니다. 전 세계의 날씨를 한번 생각해보세요. 각 나라마다 지역마다 날씨의 특징은 다 다릅니다. 그리고 우리는 그렇게 다른 것을 아주 자연스럽게 받아들이죠. 사람의 감정이란 바로 이런 날씨와 같은 겁니다. 모두가 자신만의 고유한 감정 특징을 갖고 있어요. 배를 타고 항해를 해야 할 때 날씨 자체를 조절하려는 사람은 없습니다. 먼저 날씨를 잘 관찰하고 그에 맞게 어떻게 대처해야 할지를 결정하죠. 바람이 많이 불 때는 돛을 펴서 그것을 이용하기도 하고, 반대로 바람이 세게 불 때는 돛을 내려 바람의 영향을 최소한으로 줄이려고 노력합니다. 폭풍이 불 때에는 비록 계획대로 움직이지 못하더라도, 우선은 배를 지키는 것에 집중하죠.

이렇게 날씨가 어떤지를 잘 관찰하고 그에 맞게 행동하는 것처럼 우리의 감정도 어떤지를 우선 잘 파악해야 합니다. 그러면 감정에 의해 좌지우지되는 것이 아니라, 감정의 신호를 잘 읽고 적절하게 대처할 수 있어요. 감정을 관찰한다는 게 어떤 건지 구체적으로 감이 잘 안 잡힐 수도 있지만 내가 내 마음을 잘 지켜보는 것은 너무나도 자연스럽고 꼭 해야 하는 일입니다. 내가 내 감정을 매 순간 정확히 파악하고 있기만 해도 뚜껑이 열릴 때까지 방치하는 일은 없어지거든요. 만약 '멘탈이 강하다'는 개념이 실제로 있다면, 바로 이렇게 자신의 감정을 잘 파악하고 있는 상태라 볼 수 있습니다.

흔히 우리가 생각하듯 화를 잘 억누르는 것은 멘탈이 강한 것과는 다른 차원의 문제라는 걸 기억해야 돼요.

○ 나부터가 내 감정을 존중해주기

그런데 '멘탈이 강하다'는 뜻을 이렇게 설명하면 반론하는 분들이 있을 수 있습니다.

'아니 그래도 사람이 화가 날 때 감정 조절을 해야 동물과 다른 거 아닌가요?'

네 물론 그 말도 맞습니다. 하지만 사람은 사람이기에 앞서 동물입니다. 아이들을 한번 생각해보세요. 아이들은 감정 조절을 잘 못합니다. 순간적으로 감정이 정점을 찍으면 떼를 쓰면서 뒤집어집니다. 그 순간에는 부모가 아무리 말려도 소용이 없죠. 그렇다면, 우리 어른들은 전혀 다를까요? 사실 마음은 별로 다르지 않습니다. 겉으로 티를 내지 않을 뿐이죠. 수많은 시행착오와 사회화 과정을 통해 억지로 견디고 있을 뿐입니다. 이것은 감정 조절을 잘하는 것과는 다른 문제입니다. 흔한 예로 직장에서 상사로부터 받은 스트레스를 꾹 참고 견디다가 집에 돌아와 배우자나 아이들에게 푸는 경우를 들 수 있습니다. 나쁜 감정을 쌓아두었다가 엉뚱한 곳에서 터뜨리는 거죠. 이런 일은 우리 주변에서 너무 흔하기 때문에 '종로에서 뺨 맞고 한강에서 눈 흘긴다'는 속담도 있는 겁니다. 강자에게 당한 스트레스를 약자에게 푸는 것일 뿐이죠. 그렇다면 이렇게 하지 않으려면 어떻게 해야 할까요? 바로 화가 날 때 억지로 견디는 것에 집중할 게 아니라 평상시에 나의 감정을 존중해줘야 한다는 겁니다. 물론 이 과정은 쉽지 않습니다. 내가 내 감정에 대해서 자꾸 판단을 하기 때문이에요.

'왜 친구들이랑 재미있게 못 놀고 자꾸 팀장님한테 혼났던 것만 생각하지? 내가 이렇게 못난 사람이었나…'.

'친구가 그냥 한 말인데 왜 자꾸 생각나고 기분이 나쁘지? 내가 이렇게 속 좁은 인간이었나…'.

이렇게 자신의 감정을 타박하거나 비하하면서 자괴감에 빠지기가 쉽습니다. 그런데 이러면 어떻게 될까요? 이러다 보면 자기감정과 점점 더 멀어지기 때문에 감정 조절은 더 어려워집니다. 결과적으로 자신이 절대 되고 싶지 않았던 '못난 사람', '속 좁은 인간'이 돼버리는 거예요. 그러므로 이와는 반대로 자기감정에 타당성을 부여해야 합니다.

'팀장님이 업무에 대해 지적을 할 수 있지만 왜 내 신상에 대해 지적을 하지. 이건 불합리한 거야. 이러니까 내가 기분이 나빠서 친구들이랑 재미있게 놀 때도 자꾸 화가 나는 거라고.'

'아무리 그냥 하는 말이지만, 내가 기분 나쁘다고 말하면 그만해야하는 거 아니야? 친구 사이지만 서로 존중해야 친구 관계를 유지할수 있는 거잖아. 내가 화가 나는 건 너무 당연한 거라고.'

이런 식으로 나부터가 내 감정을 존중해줘야 해요. 사실 친구가 한 말이 자꾸 생각나고 불쾌하다면 그것은 사소한 것이 아닙니다. 객관적으로 사소한 말일지라도 감정은 주관적인 것이기 때문에 나는 기분 나쁠 수 있습니다. 내가 그 말을 듣고 기분이 나빴다면 절대 사소한 게 아니죠. 친구의 말이 헤어진 이후에도 자꾸 생각나면서 불쾌하다는 것은 그 말이 내 감정을 건드린 거예요. 우선은 기분이 나쁘다는 것을 인정해야 그 이면에 들어 있는 복잡한 나의 감정을 하나씩 헤아릴 수가 있거든요.

또 나의 감정을 있는 그대로 잘 받아들이려면 우선 내 안에 있는 감정의 필터를 걷어내야 하는데, 그러려면 무슨 필터가 끼어 있는지부터 알아야 합니다.

만약 '사소한 말에 기분이 나쁘면, 속 좁은 사람이니까 그러면 안 돼'라는 생각이 깔려 있다면, 속 좁은 사람에 대한 본인만의 감정 필터가 끼어 있는 것입니다. 사람은 누구나 속 좁은 부분이 있을 수밖에 없는데도, 본인은 속이 좁으면 안 된다고 자신의 감정을 강하게 부정하는 거죠. 하지만 왜 이런 감정 필터를 갖게 되었는지를 따져보면 아마도 다 이유가 있을 겁니다.

예를 들어 오랫동안 함께했던 가족이나 친척, 친구 중에 속 좁은 사람이 있어서 진절머리가 났던 기억 때문에 그런 결심을 했을 수 있는 거죠. 하지만 감정은 그렇게 결심한다고 해서 처리할 수 있는 게 아닙니다. 속 좁게 행동할 수밖에 없는 상황에서도 자기감정을 부정하다 보면 오히려 진

짜 우려하던 대로 아주 사소한 일에도 기분이 나빠질 수 있
는 거예요. 감정이라는 것은 이렇게도 아이러니합니다.

나를 위한 심리학 케이크 23

'멘탈이 강하다'는 건 뭘까요?

'멘탈이 강하다'는 것은 '화를 잘 절제한다'가 아닙니다.
그저 '자신의 감정을 잘 파악하고 있는 상태'에
가깝습니다. 자신의 솔직한 감정을 평소에 잘 헤아려주면
멘탈은 저절로 강해지거든요.

회피하지 않고 도전했더니
인생이 더 힘들어졌어요

30대 중반의 정화 씨는 자기 인생이 답답하게 느껴집니다. 중고등학교 친구들이나 대학 동기들은 취직해서 꾸준히 커리어를 쌓거나 결혼하고 육아를 하면서도 직장 생활과 잘 병행하면서 열심히들 살고 있는데 자기 혼자 뒤처져서 정체된 것 같기 때문입니다. 정화 씨는 사람들과 부대끼면 스트레스를 많이 받는 성격이라 회사를 오래 다닌 적이 없었습니다. 1년도 안 돼 그만둔 회사가 여섯 군데가 넘었고 중간에 쉬는 기간이 있다 보니 제대로 된 경력이 쌓이지 않았습니다. 그렇게 세월이 흘러서 벌써 30대 중반이 되자 이제 더 이상은 이렇게 살면 안 될 것 같다는 생각이 들었습니다. 일을 제대로 배우기도 전에 퇴사를 해버리니 물경력만 쌓이는 것 같았기 때문이죠. 정화 씨는 잠시 일을 쉬는 동안 자기 자신에 대해서 깊이 생각해봤습니다. 그녀는 인간관계 유튜브 강의와 심리학 책을 통해 자신이 회피 성향을 갖고 있다는 것을 깨달았고, 앞으로는 정말 달라지고 싶었습니다. 그래서 얼마 전 새로운 직장에 출근하면서 변화하려고 노력했습니다. 이번이 정말 마지막 기회라고 생각하기로 한 거죠.

그래서 그녀는 출근 첫날부터 외향적으로 보이려고 애썼습니다. 예전처럼 수동적인 자세로 일하는 게 아니라 능동적으로 일하기로 마음먹었습니다. 며칠 동안 동태를 살피면서 팀 내에 가장 사교적인 사람이 누군지도 파악하고 그 사람에게 다가갔습니다. 그런데 웬걸. 변화는 생각보다 쉽지 않았습니다. 그녀의 기대만큼 사람들이 반응해주지 않았던 겁니다. 그러자 그녀는 마음이 쪼그라들었습니다. 다시 예전처럼 아웃사이더로 살고 싶지는 않은데 자꾸만 그때로 되돌아가는 것 같아서 마음이 조급해지고 불안해졌습니다. 그러다 보니 표정도 점점 어두워지는 것 같았습니다. 하루 종일 신경이 곤두선 채로 일하다 집으로 돌아가면 기진맥진한 상태가 되었습니다. 그녀는 앞으로 어떻게 해야 할까요? 또다시 회피하는 삶으로 돌아갈 수도 없는데 실망하고 실패하더라도 계속 도전하는 삶을 살아야 할까요?

정말 나는 매력이 없는 걸까?

심리학 책을 읽고 자기 자신에 대해서 많은 것을 깨달은 이후, 다시는 회피하는 인생을 살지 않겠다고 결심한 사람이 있습니다. 그들은 이제 도전하는 삶을 살겠다고 결심하고 사람들에게 다가갑니다. 그런데 그렇다고 해서 인생이 내가 원하는 방향으로만 흘러갈까요? 사람들이 마치 당신을 기다렸던 것처럼 환대해줄까요? 책에 쓰인 대로 회피하지 않고 도전했는데, 결과적으로 상대방의 반응이 시큰둥하면, 오히려 그전보다 더 불안이 엄습할 수도 있습니다.

그러면 더 이상 내가 결심한 대로 행동할 동력이 사라집니다. 이런 일이 한 번이 아니라 여러 번 반복되면 처음엔 화가 나기도 하다가 결국 좌절되고 위축됩니다. '역시 난 매력이 없어. 아무도 날 좋아하지 않아'라면서 자기 학대를 하게 되죠. 하지만 그게 정말 내가 매력적이지 않아서일까요?

회피 성향을 가진 내담자들의 이야기를 들어보면 놀라운 공통점이 있습니다. 앞서도 이야기한 바 있지만 이들은 같은 회피형 인간이나 혼자 있는 사람과 친해질 것 같지만 사실은 그렇지가 않다는 겁니다. 이들은 자신이 선망하는 사람, 즉 정반대의 캐릭터 '핵인싸'와 친해지려고 노력합니다. 마음속에 관계에 대한 높은 이상이 있기 때문이에요. 어떤 조직에서든 가장 주목받는 사람, 가장 인기 있는 사람에게 접근하는 거죠. 그 사람이랑 친해지면 자신도 금방 그 사람처럼 될 수 있다는 드라마틱한 환상을 갖고 있기 때문이에요. 하지만 내가 타깃으로 삼은 그 '핵인싸'가 나에게 관심이 있을까요? 별로 없을 확률이 훨씬 더 높습니다. 그건 내가 매력적이지 않아서가 아닙니다. 그 사람의 주변에는 이미 많은 관계들이 있기 때문에 굳이 또 다른 사람이 필요하지 않기 때문이에요.

○ 핵인싸가 아니라 나랑 비슷한 사람에게 다가가라

그러므로 누군가와 친해지기 위해 노력하고 싶다면 타깃을 핵인싸로 삼지 마세요. 오히려 그 반대인 사람을 주목해 보세요. 사람들과 친해지고 싶지만 약간 소외되어 있는 것처럼 보이는 사람. 바로 이런 사람에게 다가가면 성공 확률이 아주 높습니다. 대화를 했을 때 나와 취향이 비슷하다면 물론 더 좋겠죠. 그런데 여기서 나 스스로 거부감을 느낄 수 있다는 게 가장 위험한 함정입니다.

'아싸랑 친해졌다가 나까지 아싸로 굳어지면 어쩌지?'

이런 속마음이 있기 때문에 자신과 비슷해 보이는 사람에게는 오히려 다가가지 못하는 경우가 정말 많습니다. 하지만 내가 먼저 다가가서 친해지고 서로 감정적 교류를 나누는 사이가 되는 경험이 꼭 필요합니다. 이 경험이 하나둘 쌓이면 저절로 자신감이 싹트기 때문이에요. 자신감은 인간관계에서 아주 중요한 동력이거든요. 일단 내 마음속에 자신감이 싹트면 조급하지 않습니다. 마음이 편안하고 느긋해집니다. 그러면 만약 누군가에게 거절당한다고 해도 예전처럼 타격이 심하지 않게 돼요. 아무도 날 좋아하지 않는 것 같고 괜히 나섰다가 망신만 살 것 같다고 생각하고 있으면 딱 한 번 거절당한 일도 엄청난 충격으로 받아들이거든요.

○ 혼자서도 잘할 수 있는 일부터 찾아라

회피 성향 때문에 고민하는 내담자들 중에는 인간관계에서 긴장하는 습관을 극복해보려고 카페나 식당에서 홀 서빙 아르바이트를 해볼까 하고 생각하는 분들도 있습니다. 우선은 그런 용기를 냈다는 것 자체에 응원의 박수를 보내드려요. 하지만 갑자기 너무 많은 사람들을 대하게 되면 오히려 역효과가 날 수도 있습니다. 인간관계에 접근할 때도 '핵인싸'보다는 나랑 비슷한 사람을 찾아야 하는 것처럼,

일도 마찬가지예요. 만약 회피 성향을 갖고 있다면 가급적 사람들을 덜 만나는 일을 찾는 게 좋습니다. 날마다 회의를 해야 하고 공동 작업을 밥 먹듯이 해야 하는 일, 매일같이 미팅을 해야 하는 업무보다는 물건을 운반하거나 정리하는 일, 조용히 혼자 파일을 정리하는 일, 혼자 뭔가를 쓰고 정리하는 일 등등의 일을 찾는 게 좋아요. '하면 된다', '무조건 벌리면 어떻게든 해결된다'는 정신은 여기서는 곤란합니다. 별 대책 없이 그냥 맨땅에 헤딩하듯 사람부터 많이 만나게 되면 어떻게 될까요? 갑자기 긴장 상태가 지속되다 보니 몸의 교감신경계가 과부하를 일으키면서 불안증과 신경과민이 심해집니다. 내가 아무리 강한 의지를 갖고 있다고 해도 몸이 긴장되어 말을 더듬거나 떨게 돼요. 그러면 어떻게 될까요? '아, 역시 난 안 되는구나' 하고 좌절하게 돼요. 미숙하게 일처리하다 또 상사에게 꾸중이라도 들으면 '아, 나는 관계 능력도 없는데 업무 능력도 없구나' 하고 자신에 대한 부정적인 데이터만 늘어날 뿐입니다. 또 업무에 대한 지적을 자기 자신에 대한 거부로 과도하게 받아들여서 회피 성향만 더 고착될 위험이 있습니다.

바로 이런 이유 때문에 회피 성향의 내담자에게는 상담

과정에서도 아주 섬세하게 천천히 접근합니다. 회피 성향 이면에 들어 있는 감정을 충분히 헤아리고 수용한 뒤 행동 치료도 지나치게 감정이 상하지 않도록 천천히 진행해요. 그래야 성공할 확률이 높아지거든요. 아무리 내가 이성적 으로 이게 옳다고 생각해도 감정이 상해버리면 더 이상 치 료가 진행이 안 되니까요.

상담자가 아닌 내담자 본인은 사실 마음이 급합니다. 회 피 성향 때문에 인생이 정체돼 있다고 스스로 자각하고 나 면 마음이 더 조급해집니다. '회피 성향 때문에 내 인생이 이렇게 뒤처졌잖아. 그러니까 빨리 따라잡아야 돼'라는 마 음인 거죠. 하지만 그럴수록 조금씩 조금씩, 천천히 진행하 는 게 좋다고 말씀드리고 싶어요. 상담자가 그러듯 내담자 스스로도 본인의 감정이 상하지 않도록 세심하게 관찰하 면서 천천히 진행해보세요.

○ 감정은 결심한다고 달라지기 힘든 것

그리고 여기서 또 한 가지 강조하고 싶은 게 있습니다. 그것은 바로 '감정'이라는 것은 내 의지대로 조절할 수 있는 게 아니라는 거예요. '어색함을 느끼지 말아야지', '불편해하지 말아야지', '오늘은 정말 편하게 생각할 거야'라고 결심한다고 해서 그럴 수 있을까요? 오히려 그렇지 않은 상황에서 의지력만을 강조하게 되면 더 어색해질 위험이 있습니다. 마음이 불편한데 불편하지 않은 척해야 하기 때문에 온몸에 어색한 긴장감이 흐르는 거죠. 그렇게 되면 속에 들어 있는 불편한 감정이 오히려 더 격해지는 경우가 많습니다.

그러므로 어떤 안 좋은 상황에서 어떻게 하면 내 감정을 조절할 수 있을까를 고민하기보다는 평상시에 내 감정을 잘 파악하고 그것을 수용해주는 누군가에게 풀어내는 연습을 하는 게 중요해요. 그 상대는 가족이어도 괜찮고 딱 한 명의 친구여도 좋습니다. 누군가 나를 거절하지 않고 있는 그대로를 수용해주는 경험. 이런 경험이 쌓이면 감정은 굳이 노력하지 않아도 저절로 안정됩니다.

나를 위한 심리학 케이크 24

회피하지 않고 도전하기로 결심했다면
이렇게 해보세요.

핵인싸가 아니라 나랑 비슷한 사람이랑 친해지기.
혼자서도 잘할 수 있는 일에 도전하기.

내 몸이 좋아지면 인간관계는 저절로 풀린다

○ 마음을 회복하는 세 가지 방법

지금까지 인간관계가 잘 풀리지 않아 힘들어하는 분들이 마음속 깊은 곳에 갖고 있는 심리적 갈등에 대해 여러 가지 말씀을 드렸습니다. 그런데 아무리 이론적으로 왜 그런지를 잘 알게 되었더라도, 내 심리 상태가 회복되지 않으면 인간관계가 힘들 수밖에 없습니다. 예를 들어 어떤 사람이 어떤 사건을 계기로 우울증에 걸렸다고 칩시다. 그 사람은 평소에 성격 좋기로 유명했고 인간관계도 편안하고 아무 문제가 없었습니다. 그런데 우울증에 걸린 이후로는 인간관계가 다 깨지고 심리 상태도 몹시 불안해졌습니다. 이렇듯 어떤 사람의 심리 상태와 인간관계는 서로 긴밀하게 연결돼 있습니다.

그렇다면 사람의 심리 상태는 어떻게 알 수 있을까요? 그것은 바로 '생각, 감정, 행동'이라는 세 가지 요소로 알 수 있습니다. 이것을 구체적인 상황을 통해 말씀드려볼게요.

'저 사람은 나를 안 좋아할 것 같아', '나 같은 사람을 누가 좋아할까?', '내 말에 반응이 없는 걸 보면 나랑 별로 친해지고 싶지 않은 것 같은데'라는 것이 바로 '생각'입니다. 이런 생각이 들면 우울, 슬픔, 불안, 두려움, 수치심 같은 '감정'이 느껴지겠죠. 그리고 '행동'은 바로 그 괴로운 생각과 감정을 경험하지 않기 위해 반사적으로 몸에서 나타나는 반응입니다. 바로 그런 상황을 원천 봉쇄하기 위해 '회피' 같은 반응을 하는 거죠. 혹은 역으로 지나치게 힘을 주어 노력하는 행동으로 나타나기도 합니다. 이를테면 사람들에게 최대한 매력적으로 보이기 위해 억지로 웃기려고 애쓴다거나, 좋은 사람으로 보이려고 집착하는 거죠. 회피든 집착이든 결과적으로는 인간관계를 더욱 어렵게 할 뿐입니다. 그렇다면 어떻게 해야 편안한 심리 상태를 만들 수 있을까요? 자, 이제부터 어떤 상황에서도 공통적으로 적용되는 세 가지 방법을 말씀드리겠습니다.

○ '잠'은 내 마음 건강의 첫 번째 척도

첫째, 잠을 잘 자기 위해 노력해야 합니다. 제가 정신과 레지던트 1년차 때 있었던 일입니다. 그때 저는 신출내기로 교수님이 시키는 단순 업무를 도맡아서 해야 했는데요. 그중 하나가 교수님이 아침 회진을 하시기 전에 병동에 올라가 입원 환자들의 상태 두 가지를 체크하는 것이었습니다. 그 두 가지 중에 하나가 바로 '잠'입니다. 대충 잘 잤는지를 물어보는 정도가 아니라 아주 디테일하고 정확하게 물어보는 게 제 일이었습니다. 몇 시에 자고 몇 시에 일어났는지, 중간에 몇 번 깼는지, 중간에 깨면 다시 잠드는 데 시간이 얼마나 걸렸는지, 깊게 잤는지 얕게 잤는지, 꿈은 많이 꿨는지, 낮 시간 동안 피곤하진 않았는지 등등을 다 체크해 놨어야 했습니다. 그 당시에는 시키니까 그냥 했지만 이후

의사로서 경험이 점점 쌓이면서 이것이 정말 중요한 일이었다는 것을 알게 되었습니다.

정신 질환의 가장 중요한 증상 중 하나가 바로 수면 패턴의 변화이기 때문이에요. 우울증 환자의 경우, 잠을 잘 못 자면서 수면 시간이 대폭 줄어들거나 혹은 그와 반대로 수면 시간이 너무 늘어나거나 하는 식으로 수면 패턴 자체가 변합니다. 또 수면 패턴은 정신 질환의 결과이기도 하지만 원인이 되기도 합니다. 잠을 잘 못 자면 우울증에 걸릴 확률이 높아지는 거죠. 그래서 입원 환자의 수면 상태를 체크하는 일은 아주 기본적이면서도 가장 중요한 일이었던 겁니다. 만약 환자가 밤에 잠을 잘 못 잤다고 호소하면 저는 교수님에게 크게 혼이 났습니다. 약물 처방을 해서라도 우선 잠을 잘 자게 도와줘야 심리적으로 안정이 되고 그래야 치료도 효과가 있었기 때문이에요.

정신과 의사로 살고 있는 지금도 마찬가지입니다. 상담 치료를 할 때도 먼저 잠을 잘 자고 있는지를 꼭 확인합니다. 우울, 불안 등 여러 다양한 증상으로 병원에 찾아오지만, 잠을 못 잘 수밖에 없는 상황에 오랫동안 처해 있는 것은 아닌지 확인하는 게 우선입니다. 그리고 만약 그런 경우에는 상담 치료나 약 처방을 하기에 앞서 우선 잠을 푹 잘 수 있도록 도와줍니다. 신기하게도 그렇게만 해도 절반 정도는 금세 상태가 좋아집니다.

잠은 정신 건강에 왜 이렇게 중요할까요? 잠의 중요한 기능은 세 가지 입니다. 첫째, 몸에 에너지를 충전하며 기능을 회복시킵니다. 둘째, 낮 시간 동안 학습한 중요 내용을 기억하고, 불필요한 기억을 삭제합니다. 셋째, 감정을 안정시킵니다. 이 세 번째 기능을 잘 모르는 분들이 많은데, 사실은 이미 체험하고 계실 거예요. 잠을 잘 못 자면 사소한 일에도 짜증이 나고 예민해진 경험이 한 번쯤은 있을 테니까요.

잠이 얼마나 중요했는지, 이와 관련된 연구 결과는 정말이지 많습니다. 잠을 충분히 자지 못한 채로 운전을 하는 것은 음주 운전을 하는 것과 똑같다는 연구 결과도 있습니다. 18시간 동안 잠을 못 자면 면허 정지, 24시간 동안 못 자면 면허 취소에 해당할 정도로 인지 기능이 떨어지는 거죠. 또 잠을 어느 정도 자더라도 중간중간 자주 깨게 되면 짜증만 나는 게 아니라 긍정적인 생각을 하기 어렵다고 합니다.

공부를 더 잘하고 싶고, 일을 더 잘하고 싶다는 이유 때문에 잠을 줄이는 학생, 직장인을 많이 봤습니다. 하지만 수면부족은 신체뿐 아니라 정신 건강을 악화시키기 때문에 기억력과 집중력을 떨어뜨려서 오히려 공부나 일을 더 잘할 수 없게 만듭니다. 그렇게 되면 더 분발하기 위해 잠을 또 줄이는 악순환으로 이어지고 이게 심해지면 정신 질환으로까지 발전할 위험이 있습니다.

물론 사람마다 다 다르지만 의학 이론상으로는 대략 7시간 이상은 자야 합니다. 그래야 몸도 마음도 건강하게 지킬 수가 있어요. 충분한 시간 동안 통잠을 자는 것도 중요하지만, 규칙적인 수면 패턴도 매우 중요합니다. 코로나 시대를 살아가면서 우울감을 호소하는 분들이 정말 많이 늘었습니다. 이것은 재택근무, 온라인 수업이 주가 되면서 수면 패턴이 불규칙적으로 바뀐 탓이 큽니다. 그러므로 별 이유 없이 우울하다면 우선 수면 패턴부터 되돌아보세요.

○ 잘 먹는다는 것은 뭘까?

둘째, 잘 먹어야 합니다. 제가 레지던트 1년차 때 매일 아침

입원 환자들의 수면 패턴을 세밀하게 체크했다고 방금 말씀드렸죠. 그때 체크했던 게 한 가지 더 있습니다. 그것이 바로 그날 하루 식사를 어떻게 했는지입니다.

이것 역시 대충이 아니라 아주 구체적으로 체크해야 했습니다. 하루 식사를 몇 끼니 했는지, 밥은 한 공기를 다 먹었는지 아니면 4분의 3, 3분의 2만 먹었는지, 반찬은 어느 정도 먹었는지, 간식도 먹었는지, 입맛은 있었는지 그냥 억지로 먹었는지 등등이죠. 수면 패턴의 변화와 함께 식욕의 변화도 정신 질환의 중요한 증상 중 하나이기 때문이에요. 정신 건강이 나빠지면 수면 패턴과 마찬가지로 식사 패턴도 극과 극으로 바뀝니다. 입맛이 떨어져서 식사량과 체중이 줄어드는 경우도 있고, 그와 반대로 과식이나 폭식을 하면서 체중이 늘어나는 경우도 있죠. 이처럼 정신 건강과 식습관은 긴밀하게 연결되어 있습니다. 단적인 예로 행복 호르몬인 세로토닌이 부족해지면 불안, 우울을 유발할 수 있는데요. 세로토닌은 식욕을 좌우하는 호르몬이기도 합니다.

또 식사 패턴의 변화는 정신 건강 악화의 결과이기도 하지만 원인이기도 합니다. 이를테면 폭식증이나 거식증 같은 섭식장애의 중요한 원인이 바로 불규칙적인 식사 패턴이거든요. 이 때문에 심리 상담을 할 때에도 우울이나 불안 증상이 어떻게 바뀌었는지를 매번 체크하지는 않아도 밥을 잘 먹었는지는 꼭 체크합니다. 여기서 잘 먹는다는 건 많이 먹는 게 아닙니다. 규칙적으로 적당한 양을 먹었는지, 체중의 변화는 없었는지를 체크하는 것이죠.

자, 그렇다면 먹는 게 왜 이렇게 중요할까요? 잠과 마찬가지로 먹는 건 인간이 생존하기 위한 기본 조건입니다. 살아가기 위한 기본 토대죠. 이것이 규칙적인 것과 불규칙적인 것에는 엄청난 차이가 있습니다. 우리가 발을 딛고 사는 땅이라고 표현해도 과언이 아니에요. 땅이 흔들리고 그때그때 바뀌면 어떻게 될까요? 우리 몸은 항상 긴장 상태가 됩니다. 식사 패턴이 불규칙적인 것은 그와 같습니다. 몸이 긴장 상태라는 것을 다른 말로 표현하면 자율신경계의 과잉 활성화 또는 교감신경의 항진 상태라고 할 수 있습니다. 몸이 이렇게 불안정해지면 무의식적으로 긴장을 완화하기 위해 애쓰느라 감정적 에너지 소모가 많아집니다. 딱히 뭔가 의미 있는 활동을 하지 않더라도 금방 지치죠. 감정이 불안해지고 우울이나 불안에 빠지는 것은 당연한 결과입니다.

그렇다면, 어떻게 먹어야 할까요? 잘 먹는다는 것은 많이 먹는 것이 아닙니다. 배고프지 않아도 정해진 시간에 규칙적으로 적당량을 먹는 것을 말합니다. 이것이 바로 몸의 건강뿐 아니라 정신 건강에 가장 기본이라는 것을 꼭 기억하세요.

○ 멘탈 관리는 피지컬로 하는 것이다

셋째, 운동해야 합니다. 우리는 언제나 마음 건강 관리, 즉 멘탈 관리를 잘하고 싶어합니다. 그런데 멘탈 관리는 멘탈로 하는 것이 아닙니다. 피지컬로 하는 것입니다. 이게 무슨 얘기일까요? 다시 한번 레지던트 시절의 이야기를 들려드리고 싶어요. 우울증으로 종합병원에 입원까지 한 분들의 경우는 중증인 경우가 많습니다. 그래서 몸에 힘이 없고 무기력하기 때문에 하루 종일 누워만 있는 분들이 많았습니다. 레지던트 시절 저는 그분들이 하루 종일 푹 쉬는 게 좋다고 생각했습니다. 하지만 경험 많으신 교수님은 저와 생각이 달랐어요. 환자들이 하루 종일 누워서 쉬는 것을 결코 허용하지 않았습니다. 만약 산보를 하거나 운동을 할 기력도 없다면 최소한 눕지 않고 앉아 있게 했습니다. 그럼에도 너무 힘든 환자의 경우에는 그냥 누워만 있고 싶어 했습니다. 그럴 경우 의사나 간호사 등의 의료진은 어떻게 대처했을까요? 여기서 저는 정말 충격을 받았는데요. 하루 중 일정 시간 동안 매트리스 상체 부분을 직각으로 세워서 억지로 앉아 있도록 했습니다. 마치 벌을 세우는 것 같았죠. 그 당시 저는 '아무리 그래도 너무한 거 아닌가? 비인간적인 처우 아닌가?'라는 생각을 하기도 했는데요. 임상 경험이 쌓이면서 왜 그렇게 대처했는지를 이해하게 됐습니다. 억지로라도 그렇게 하는 것이 환자의 정신 건강 회복에 도움이 됐기 때문이에요. 왜 그럴까요?

앞에서 사람의 심리 상태를 알 수 있는 방법이 '생각, 감정, 행동'이라고 말씀드렸는데요. 이 세 가지 요소는 서로 영향을 주고받습니다. 생각과 감정이 행동에 영향을 주기도 하지만 역으로 행동이 생각과 감정을 지배할 수도 있다는 거죠. 이렇게 행동을 조절해서 생각과 감정을 바꾸는 것을 '행동 치료'라고 합니다.

○ 집에만 있으면 더 우울해지는 이유

너무 더운 날이나 너무 추운 날에는 몸을 움직이는 거 자체가 귀찮아서 집에만 있게 됩니다. 또 코로나 시대를 살아가면서 많은 사람들이 집콕 생활을 할 수밖에 없는 상황에 처했습니다. 그런데 하루 종일 집에만 있으면 어떤가요? 푹 쉬니까 몸이 좋아지고 기분도 나아지나요? 처음 며칠은 쉬니까 좋았던 사람들도 대개는 시간이 지나면서 점점 더 힘들어집니다. 오히려 기력이 더 없어지고 기분도 더 가라앉습니다. 실제로 코로나 시대가 시작된 이후 우울감을 호소하는 사람들이 급격하게 늘어난 이유 중 하나는 외출이 급격히 줄어들었기 때문입니다.

비대면 수업도, 재택근무도 처음에는 너무 편해서 반겼지만 시간이 지나면서 오히려 그 이전보다 더 우울하고 무기력해졌던 경험. 여러분에게도 다 있을 겁니다. 또 그와 반대로 일 때문에 밖에 나가고 몸을 움직였더니 자연스럽게 기분이 점점 나아지는 경험도 해보셨을 거예요. 이렇게 몸을 움직이는 것은 신체 건강뿐 아니라 정신 건강에 지대한 영향을 끼칩니다. 이 때문에 상담 치료에서도 수면 패턴과 식사 패턴에 아무런 문제가 없다면 정기적인 외출을 하고 있는지를 꼭 체크합니다.

○ 인간관계는 매일 30분씩 빠르게 걷기에서 시작한다

우울증에는 상담 치료와 약물 치료 이외에도 명상, 요가, 영양제, 독서 등등의 수많은 치료법들이 있습니다. 그런데 그중에서도 약물 치료와 상담 치료만큼이나 과학적 효과가 입증된 것이 딱 하나 있습니다. 그게 뭘까요? 바로 몸을 움직이는 것. 즉 '운동'입니다. 운동의 효과가 항우울제만큼이나 탁월하다는 것을 정신과 의사들은 진료실에서 매일 확인합니다. 모든 운동이 다 좋지만 가장 효과적이라고 입증된 것은 매일 30분 정도 살짝 땀이 날 정도로 빠르게 걷는 것입니다.

인간관계가 너무 힘들어서 괴로운가요? 매사에 의욕이 사라졌나요? 주말만 되면 우울감을 느끼면서 누워 있거나 스마트폰만 바라보고 있나요? 내 마음이 왜 이러는지를 살펴보는 것도 중요하지만 그에 앞서 해야 할 일이 있습니다.

바로 억지로라도 밖으로 나가서 몸을 움직이는 거예요. 그래서 앞부분에서 멘탈 관리는 멘탈로 하는 것이 아니라고 강조했던 겁니다. 멘탈 관리보다 먼저 해야 하는 것이 바로 피지컬이니까요. 인간관계 스트레스, 무기력, 우울감, 불안증 등등 다 마찬가지예요.

　매일 규칙적으로 일곱 시간씩 잘 자고, 세 끼 식사를 규칙적으로 잘 하고, 매일 30분씩 빠르게 걷는 것. 이 세 가지만 잘 해도 나의 심리 상태가 정말 좋아집니다. 그리고 내 심리 상태가 좋아지면 인간관계에서 힘들었던 부분은 저절로 해결되기 시작합니다.

나를 위한 심리학 케이크 25

심리 치료를 하기 전에
우선 이 세 가지에 집중해보세요

1. 매일 규칙적인 시간에 일곱 시간 이상 숙면하기.
2. 매일 세 끼 식사를 규칙적으로 하기.
3. 매일 30분씩 빠르게 걷거나 운동하기.

관심이 있어서 집어 든 책이라 해도 끝까지 읽는 것은 쉬운 일이 아닙니다. 의욕적으로 책을 구매하고 읽기 시작했더라도, 이런저런 이유로 중간에 포기하는 경우는 너무 많으니까요. 그러므로 이 책을 다 보시고 지금 이 페이지까지 읽고 계시는 독자분들께 격려의 말씀과 함께 감사의 인사를 드리고 싶습니다. 저를 믿고 끝까지 읽어주셔서 정말 감사합니다. 이 책을 통해 자신의 감정을 조금씩 알게 되고, 또 그와 더불어서 인간관계에서 힘들었던 문제가 조금씩 해결되는 것을 꼭 체험하셨으면 좋겠어요. 만약 이 책을 읽은 누군가가 "인간관계 때문에 너무 스트레스를 받아서 골 랐는데, 읽고 나니까 내 마음을 좀 더 잘 알게 되었고, 내가 내 편이 된 것 같아요"라고 말해주신다면 저자로서 저는 더 없이 만족스러울 것 같아요. 이 책에는 심리 분석과 더불어서 각각의 꼭지마다 '나를 위한 심리학 케이크'라는 실천 가이드가 있습니다. 마음이 힘들 때, 어떻게 대처해야 할지 고민될 때, 그 부분들만 반복해서 읽어보시고 삶에 적용해 보시면 꽤 유용할 거라 생각합니다.

정신과 의사로서 사는 것도 힘들 때가 많지만 감사한 일 도 참 많습니다. 진료실에서도, 유튜브 사연을 통해서도, 한 사람의 복잡한 속마음을 알아가면 갈수록 말로 표현할 수 없는 느낌을 매번 받습니다. 이 자리를 통해 저를 믿고 진솔하게 자신의 속마음을 보여주신 모든 분들께 감사 인 사를 드리고 싶어요. 진심으로 감사합니다. 여러분 덕분에 또 다른 많은 분들께 도움 되는 이야기를 할 수 있었습니다. 또한 여러분 덕분에 힘을 내어 이 책을 쓸 수 있었습니다.

사실 책 속에서 여러 가지 그럴듯한 말을 많이 했지만,

정신과 의사인 저에게도 물론 딜레마가 있습니다. 정신과 의사이기에 앞서 저도 사람이기에 제 삶을 객관적으로 직면하게 될 때 여러분과 똑같이 자괴감이 들 때가 많거든요. 중이 제 머리를 못 자르는 거죠.

이 책을 쓰는 과정에서도 그랬습니다. 이 책은 유튜브 채널 '정신과의사정우열' 운영자로서 인간관계에 대한 이야기를 풀어내는 첫 책이었기에 정말 잘 쓰고 싶은 마음이 강렬해서 그런지, 의외로 잘 써지지 않았습니다. 욕심만 앞서고 제 몸이 따라주지 않았습니다. 그러다 보니 처음에 예상했던 일정보다 2년이나 늦어지고 말았습니다.

원고 마감일을 지키지 못하는 저를 채근하기보다는 제 감정을 헤아려주고 기다려주신, 그리고 멋진 책을 완성해주신 박지호 기획편집자님께 미안하고 감사하다는 말씀을 드리고 싶습니다. 또 마지막으로 제 삶의 원동력인 아내와 딸, 아들 그리고 뭉치에게도 고마운 마음을 전하고 싶습니다.

2022년 4월

정우열

정우열

정신과 전문의인 그는 '생각과느낌 몸마음 클리닉' 원장으로, 17만 구독 유튜브 채널 '정신과의사정우열' 운영자이다.

우연한 기회에 육아를 전담하면서 세상의 엄마들을 뼛속 깊이 이해하게 되었고, '육아빠'라는 닉네임으로 SNS 활동을 시작했다. 특히 '아이도 중요하지만 엄마가 먼저 행복해야 한다'는 그의 균형 육아법은 수많은 엄마들의 지지와 사랑을 받았고 지금까지 약 10년 동안 활동하는 원동력이 되었다.

2018년부터는 유튜브 채널 '정신과의사정우열'을 본격적으로 시작하면서 '내 마음과 친해지는 방법'에 대한 강의와 실시간 상담 등을 꾸준히 진행하고 있는데, 그의 주 관심사는 다름 아닌 '인간관계'다. IT기술이 아무리 발전해도 타인과 친밀감과 유대감을 나누고 싶어 하는 인간의 본능은 사라지지 않기 때문에, 많은 사람들이 오늘도 인간관계 때문에 괴로워하고 있다는 것을 정신과 의사로서 누구보다도 잘 알고 있었기 때문이다.

『힘들어도 사람한테 너무 기대지 마세요』는 인간관계와 심리에 대한 그의 유튜브 강의 내용의 핵심을 집약해서 내놓는 첫 책이다. 오랫동안 쌓은 임상 사례와 함께 저자만의 독특한 심리 상담법과 구체적인 실천 가이드가 등장하는 이 책은 각자도생, 개인주의가 이전 세대보다 훨씬 더 팽배해진 현 세대 독자들에게 실질적으로 도움이 되는 책으로 자리매김할 것이다.

그 외 저서로는 『엄마들만 아는 세계』, 『엄마니까 느끼는 감정』, 『너의 속이 궁금해』, 『썸...연애...결혼』 등 다수가 있다.

저자는 KBS 〈슈퍼맨이 돌아왔다〉와 〈대국민토크쇼 안녕하세요〉, SBS 〈한밤의 TV연예〉, MBC 〈마이 리틀 텔레비전〉, EBS 〈자이언트 펭TV〉, JTBC 〈속사정쌀롱〉, CBS 〈세상을 바꾸는 시간 15분〉 등등 수많은 방송에 출연한 바 있으며, 현재도 다수 기업과 각 지방자치단체에서 강연하고 있다.

• **유튜브** 정신과의사정우열(youtube.com/user/jungwooyul)
• **인스타** @6father

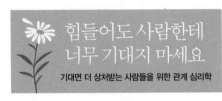

힘들어도 사람한테
너무 기대지 마세요
기대면 더 상처받는 사람들을 위한 관계 심리학

1판 1쇄 발행 | 2022년 5월 12일
1판 9쇄 발행 | 2024년 1월 15일

지은이 | 정우열
발행인 | 김태웅
기획편집 | 정상미, 엄초롱
디자인 | design PIN
마케팅 총괄 | 김철영
마케팅 | 서재욱, 오승수
온라인 마케팅 | 김도연
인터넷 관리 | 김상규
제　작 | 현대순
총　무 | 윤선미, 안서현, 지이슬
관　리 | 김훈희, 이국희, 김승훈, 최국호

발행처 | (주)동양북스
등　록 | 제2014-000055호
주　소 | 서울시 마포구 동교로22길 14 (04030)
구입 문의 | 전화 (02)337-1737 팩스 (02)334-6624
내용 문의 | 전화 (02)337-1739 이메일 dymg98@naver.com
네이버포스트 | post.naver.com/dymg98
인스타그램 | @shelter_dybook

ISBN 979-11-5768-804-3 03190